人生後半をもっと愉しむ
フランス仕込みの暮らし術

吉村葉子

はじめに

年をとると、一年がたつのが早くなると年長の方がおっしゃいますが、ほんとうですね。加速度的に過ぎていく日々に、あらがうつもりはありません。無理に若作りする気もありませんし、筋トレに励もうとも思いません。加齢に抵抗しないで、これからは、豊かにきれいに年をとることを愉しみたいと思います。

あと数年したら、パリで暮らした20年の歳月と同じだけ、戻って来た東京にいる計算になります。20代の最後で渡仏し、子どもを育てながら仕事。気がついたら、まったくできなかったフランス語で、フランス人を笑わせている私がおりました。

目をつぶると、のどかな日差しの中で遊んでいる、子どもたちの声が聴こえます。背景は娘が通っていた幼稚園の遠足の付き添いで訪れた、ヴェルサイユ宮殿の奥にある、マリー・アントワネットが愛したプチ・トリアノン。巨木が枝を茂らせ、遠くに日がな草を食《は》む仔羊たちがおります。

やがて場面は、通い慣れた石畳の路地裏に変わります。下校時間の午後4時半か、延長保育の6時半ぎりぎりを、時計の針が指しているではありませんか。そういえば、娘を迎えにいかなくてはならないために、私は走ってばかりおりました。光陰矢のごとしとは、まさしくこのことです。

住んでいる神楽坂で焼き菓子店をやっていたのも、思えばパリ生活の延長線上でした。1階の厨房で生地を捏《こ》ねていた手を拭いて、飲食スペースがある2階への階段を、日に何十回も駆け上がっては駆け降りました。店をやってなによりの収穫は、今でも続いているお客さまとの交流です。そして副産物に、料理とお菓子作りの上達がございました。

こんな私をパワフルだと言ってくださる方がいらっしゃいますが、軽率なだけです。ただ、ほかの人より少しだけ違った経験を積んで、いろいろなものを見たかもしれません。

本書に、パリ時代の経験から得た私なりの「日々を愉しみ、心地よく暮らす」ためのエッセンスをぎっしり詰め込みました。万感迫る思いで写真を眺めながらも、今、こうしていられることに私は心から「トレ・ビアン！」と申しましょう。

この本を手に取ってくださったあなたが、「あら、おもしろい！」、「私もコレが好き！」と言ってくださったら、本書は成功です。そしてついでに、「私の人生もトレ・ビアンよ！」とおっしゃってみてください。初めに言葉ありきで、私たちのこれからを、このひと言に託して豊かに暮らそうではありませんか。

目次

第二章

心地よさを生む　装いと暮らしのコツ

第三章

人に喜ばれる手軽なおもてなし料理とお菓子

第四章

人生で今がいちばんおもしろい

第一章

好きなものに囲まれて暮らす

人にとってはどうってことないものでも、
たまたま私を引き寄せた、相性抜群の小物たち。
それらに囲まれてにこやかに生きることが、
日々を愉しむ潤滑油になるのです。

捨てるのは簡単。だけど思い出もいっしょに捨てないで

これからの人生、「終活」にいそしむより今を大切に

最近、私たちの世代で「終活」という言葉がはやっています。でも私は、その言葉を聞くたびに「いかがなものかしら?」と首を傾げます。「終活」と称して後片づけばかりしていては、時間がもったいないです。

エンドレスだと思って、歯を食いしばっていた子育てが、あっという間に終わったのが、いい例ではありませんか。まさに、「時は金なり」なんですね。「終活」をしているヒマがあったら、もっと愉しいことをしましょう。

私たちに与えられた生の終わりは、仏教でもキリスト教でも神のみぞ知ることです。わからない日のために、あくせくするより今が大切だと私は思うのです。

小学生ではないのですから、整理整頓を大上段にかかげる必要もありません。ものを捨てるのは簡単ですが、ゴミの日に出してしまったものは二度と戻ってきません。清掃車の後ろを見送って、後悔しても後の祭り。そして捨てたものが、あなたの記憶から消え去り、捨て

てしまったものにまつわるエピソードもいっしょに忘れてしまう。ノスタルジーとセンチメンタリズムという感情がなくなったら、私たち女性に何が残るというのでしょうか。といっても、お嫁入りのときに持ってきた簞笥《たんす》などは、今の時代の生活様式にそぐわなくなっておりますから、処分してもいいでしょう。

手のひらにのるどころか、親指と人差し指を丸めた輪ていどの大きさのものをいくら処分しても、たかが知れています。たとえば、初めての海外旅行が新婚旅行で、訪れた先のオワフ島で買ったお人形とか、息子さんが小学校の遠足で行った鎌倉で買った小さな大仏様を取っておいても、ちっともじゃまになりません。じゃまどころか、小物が秘めた悲喜こもごものドラマが私たちの記憶に去来し、脳を活性化してくれることでしょう。「遠足の朝にかぎって、母親の私が寝坊したなんてね」という具合に。

それに私たちが、ちょっとやそっと片づけたからといって、残された者にとってはどちらも同じ。さんざん可愛がった子どもたちに、なんの遠慮がありましょう。私たちの後始末をする子どもにしても、「お母さん、こんなものまで取っておいたんだ」と、母との懐かしい思い出にひたりながら、一つひとつ片づけることは、亡き母への最高の供養になったと思ってくれることでしょう。

記憶の糸をたぐり、ものとの出会いにさかのぼろう

捨てられない性格を自慢するわけではありませんが、捨てなくていいと居直る私がおります。というのも、まわりにいる小物たちが私に、さまざまなことを思い出させてくれるから。

飾り棚の中にいる、私がこっそり「将軍」と呼んでいる陶器のお人形と目が合うと、彼は決まってこの話を持ち出します。彼と会ったのは、かれこれ30年も前のこと。娘の友人のご両親が経営していたセーヌ河岸の骨董屋さんに、「将軍」を安く譲ってもらったのでした。

「覚えているから、あの日のことを。あの店の特等席に飾られていた僕を君が、アンヌから買ったんだったね。あの日の君は、自分の娘を1週間預かってもらったお礼の気持ちでいっぱいだった。日本人は人がいいというか、義理がたいと思ったね。フランス人なら、子どもを預かってもらったぐらいで、骨董品を買いませんからね」

そう、あれはアルザスの取材が入ったときのこと。幼稚園の年長だった娘をベビーシッターに頼もうと思ったのですが、事情を話したらアンヌが預かってくれたのです。

もし「将軍」をパリから東京に連れてこなかったら、アンヌ一家のことも、彼女たちへの感謝の気持ちも忘れてしまったかもしれません。いろいろ思うと、ますますガラクタたちへの思いが募るのでした。

思い出の「将軍」と、ロンドンの骨董市で買った鼈《べっ》甲《こう》のたばこ入れにクリストフルの小鳥。

捨てられないものを代表する、擦り切れたキルティングのベッドカバー。

好きなものは見えるところに置いておく

大切なものは、しまっておいてはもったいない

好きなことをずうっとしていたいと思うように、好きなものはいくら眺めていても飽きないものです。もともとそれが欲しいと思って手に入れたのですから、私の命が果てるまで大事にする覚悟でおります。

私は、自分が好きなものは唯一無二の宝物であると思っています。たとえそれが、よその方にはガラクタに見えても、そんなことはどうでもいいのです。人によって意見が分かれるところですが、大切にしているものを箱に入れてしまっておくのが、私は嫌いです。だって、せっかくのお気に入りをしまっておくなんて、もったいないと思うのです。好きなものは、私の視界に入っているように、いつも見えるところに置いておくことにしています。そうすることで、自然と幸せな気持ちになります。そして、たとえ落ち込むことがあっても、ガラクタたちを見ているとすぐに気持ちが明るくなるから、不思議なものです。

私の部屋のソファーの前にある低いテーブルの上に、私にとっての「宝の山」があります。

それはローマの蚤《のみ》の市で買ったお盆に、うずたかく積まれております。私の部屋にいらっしゃる方々は、その山を見つけると宝探しをなさるように、小物や貴金属を偽物と本物に仕分けしてくださいます。でも最後はきまって、元の木阿弥《もくあみ》。いつもどおりの、ごちゃごちゃした宝の山に戻るのでした。

プラチナでも無垢《むく》の18金の指輪でもメッキでも、本物のダイヤモンドでもルビーでもガラス玉でも、「私が好きなもの」というくくりの中ではどれも同格です。そこに金額的な価値は関係なく、自分の心がときめいたもの、見るとうれしくなるものを置いています。あまりにごちゃっとしているので、部屋にいらっしゃる方に驚かれることもありますが、その反応を見るのも結構おもしろいのです。

それでもたまに、こう思います。時間を作って、私を楽しませてくれる宝物の表面についた埃を拭いて、ぴかぴかに光らせてあげたいと。そして旅行などで家を数日空けるときは、私の宝の山に向かって、こう声をかけてから出かけるのでした。

「もしも泥棒がここに入ってきたら、彼にみんなでこう言うんですよ。せっかく盗むなら、私たちの中に混ざっている、高く売れる本物だけを選んで持っていってくださいな」と。

「私のお気に入り」を眺めながら

映画『サウンド・オブ・ミュージック』に、「My Favorite Things」というヒット曲があります。嵐の夜に、雷を怖がって子どもたちがマリアの寝室に集まる光景を思い出してください。これまで何人もの家庭教師を追い出している子どもたちが、マリアの魅力に気づき始めるシーンが目に浮かびます。ジュリー・アンドリュース演じるネグリジェ姿のマリアが、子どもたちに歌って聞かせるのが、これです。邦題は、「私のお気に入り」だったと思います。

学生のころ、コルトレーンのジャズを聴いていて、突然『サウンド・オブ・ミュージック』のこの曲が流れてきたときは、ものすごく驚きました。それは紛れもなく「My Favorite Things」でしたが、同時に紛れもなくハイテンポの最高のジャズになっておりました。私の身辺に転がっている好きなものを眺めながら、「My Favorite Things」をこっそり歌って喜んでいる私がおります。

次頁からは、ちょっとお恥ずかしいですが、私が大切にしているお気に入りのものたちを、写真とエピソードとともに紹介いたします。今回改めて、その一つひとつと向き合ってみましたが、自分でもびっくりするほど、それぞれに「思い出」が詰まっておりました。みなさんもこの機会に、身近にあるものとの思い出を振り返ってみてはいかがでしょうか？

しまっておいてはもったいないので、お気に入りは飾りましょう。おもちゃを本物に混ぜたら、こんなに嫌みのないオブジェになりました。

ごく自然に私の視界の中で、おとなしくしている雑貨たち。「たかが雑貨、されど雑貨」と思わず言いたくなります。私が卒業式にしたネックレスを、デコイがしています。

空になった缶で作った携帯用の裁縫箱

この先も終生をともにするであろう愛用品

「これ、ずっとあるのよね」とも思わない、存在感は薄いけれど身辺に見え隠れする小物ってありますよね。

この黒いドロップの缶の出所は50年近く前、少女時代を過ごした横浜の、駅の地下街にあった不二家でした。老舗書店の有隣堂さんで本を買った帰りに、缶に一目惚れして、お小遣いをはたいて買ったものです。中に入っていたドロップは缶の表に描かれているとおり、真ん丸い飴玉でした。

空になった缶を、迷わず携帯用の裁縫箱にして半世紀がたちます。修学旅行にもついてきてくれましたし、20年間のパリ暮らしもいっしょで、もちろん私が東京に連れ帰りました。少々ぺこぺこになっていますが、この先も私と終生をともにすることになるでしょうね。

裁縫といえば、フランスでは家庭科が小中高のカリキュラムにありません。とうぜん、調理実習もありません。ところが意外なのは、就業率が高いフランス人女性たちに、手芸愛好家が多いことです。パリを訪れるとかならず私も、手芸店をのぞくことにしています。

見るとわくわくする個性的な小物たち

お土産も景品も立派な宝物

「若い人はいいわね」は、禁句です。だれにでも若かった時期があったのですから。年齢の枠を取っ払って、だれとでも仲良くおつきあいしましょう。一人ひとりに個性があって、みんなすてきです。

ものも人間と同じで、それぞれに自己主張していると思います。「これ、ものすごくかわいい！」と思って飛びついたエッフェル塔のキーホルダー。吸い込まれるように見入った、シックな絵柄のお菓子の缶たち。旅のお土産に親友夫妻に拾ってきてもらった浜辺の貝殻を眺めていると、南太平洋の波の音が聴こえます。

旅先で拾った小石に、マニキュアで色を塗るのが愉しみです。素足が好きなのでペディキュアをしますが、手にはマニキュアをしないのでなかなか減りません。そのうち乾燥してしまいもったいないので、小石たちにマニキュアを塗るという有効利用を思いつきました。

なんの景品だったかしら、ペーターとクララの人形は、ときどき遊びにくる小さなお客さまに人気です。私の部屋という小宇宙で、なにやらおもしろいことが起きていますよ。

50年の長きにわたり、私と行動をともにしている携帯用の裁縫グッズ入れになったドロップ缶。制服のままで、ドキドキしながら買った日の記憶がよみがえります。こうなったら、棺桶まで連れていく覚悟です。

エッフェル塔のキーホルダーは、気に入って全色購入。真ん丸い缶は、郊外で最高に美しいモレの町の修道院に由来する、癖のある飴入り。かわいい缶を見つけると、中身に関係なく、ついつい手が伸びてしまいます。

ふたりのクララとペーターが眺めているのは、親友ご夫妻が旅先の海岸で拾ってきてくださった貝殻と、固まる寸前のマニキュアでお化粧した思い出の小石たちです。

時間ができたらゆっくり見たい、絵葉書コレクション

もったいなくて使えないままセピア色

「ほんとよね、使えないもの」と、女同士でうなずきあうことがあります。絵葉書コレクションがそれで、みなさんの中にも同じ思いの方がいらっしゃることでしょう。

いつの間にかたまってしまった絵葉書をひとまとめにして、これどうしようかしらと思案しています。数年前、おせんべいが入っていた大きな缶に絵葉書をまとめて入れました。もうやめようと思いながら、まだ性懲りもなく旅先で絵葉書を物色。最近は知恵がついて、気に入った同じものを複数枚買って、1枚は自分用に残し、ほかは旅のエピソードを添えて友人たちに送るようにしています。

絵葉書の束の中に、ドーデの『風車小屋だより』の舞台になった、フォンヴィエィユ村の風車小屋がございました。アルルから10㎞ほどの村ですが、地中海一帯に吹き荒れる季節風ミストラルを受けて、くるくる回る風車小屋の光景が目に浮かびます。スマホもデジカメもいいですが、観光地のお土産物屋さんやキオスクで買った絵葉書は、私たちアナログ世代をある意味象徴している気がいたします。

想像で旅する愉しみをくれる地図

地図さえあれば、たとえ地の果て海の果て

パリを拠点にしていた時代も、外国に行くとまず、到着駅の近くのキオスクでその土地の地図を買うことにしておりました。地図でその町の成熟度がわかるというのが、私の持論です。その点でも、ヨーロッパの町の地図では、ロンドンの『AZ』とパリの『プラン・ド・パリ』が双璧《そうへき》です。全国版ですと圧倒的にミシュラン社の地図で、他社の追随を許しません。タイヤのトップメーカーのミシュランが出している地図なので、鉄道の部分を無視しているのが欠点といえば欠点。最近、わが国ではミシュランが、星で格付けするグルメガイドブックを出している会社だとしか思われていないのが、ちょっと残念です。

地図を眺めて、その土地に行ったつもりになれるのが私の特技でもあります。地図を眺めるといっても、もちろん漠然と眺めるわけではありません。読んでいる小説に出てきた地名ですとか、駅名を探すために地図を開きます。どんな小さな村でも、村に名前がある以上、絶対に載っているフランスの地図を持っています。やはりミシュラン社の、廃版になった地図なのですが、それも宝物です。日本にも同様のものがあったら、ぜひ持っていたいものです。

各地を訪れるたびに買い集めた絵葉書を、おせんべいの缶に乾燥剤を入れて詰め込んでみました。時間ができたら陽当たりのいい窓際に広げて、一枚一枚ゆっくり眺めたい……。中には旅先の友人からの葉書もあります。

左上はドーデの『風車小屋だより』に登場する、プロヴァンス地方はフォンヴィエィユ村の風車。右はブルターニュの漁師さんたち、左下は私が大好きな竈の前の猫の絵葉書。

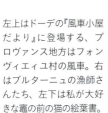

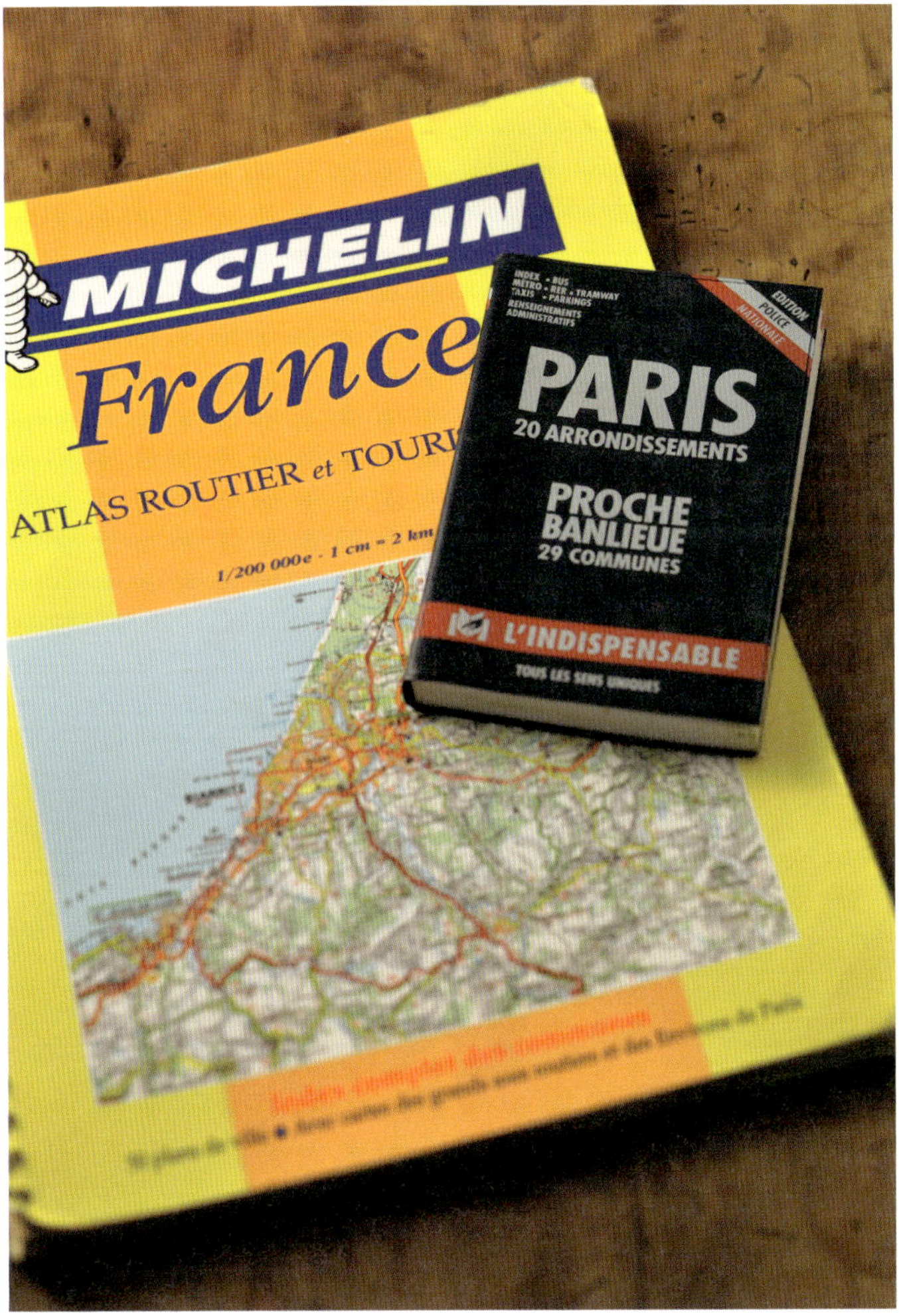

だいぶ前に廃版になりましたが、どんな小さな村でも名前があればかならず載っているミシュラン社の地図と、『プラン・ド・パリ』と呼ばれているパリの地図です。

地方色豊かなフランスの器と布

素朴でかわいいけれど欠けやすい陶器

じつは昔は地産地消、フランスの全国津々浦々どこの地方でも、地元で陶器が作られ、使われておりました。その後、中央集権化が進み、交通網が完備されるにつれて自然淘汰《とうた》され、優れたものだけが今に残ったというわけです。ただし高温で焼く精度のいい磁器ではなく、それぞれの地方の土を練って焼いた素朴な陶器です。

フリーランスに徹していた私たち夫婦は、仕事の内容としてファッション以外を網羅しておりました。食、アート、政治、教育など生活全般、なんでもござれの24時間体制で日本の出版社のご要望にお応えしておりました。そんな中、いつの間にか私はフランスの地方だけでなく、ヨーロッパや中近東、フランスの旧植民地の料理が得意になっておりました。

料理といえば食材も食器も、食卓回りのすべてに興味を持ちました。晩年のピカソが窯を持っていたことで知られる南仏はヴァロリスの陶器、男女が仲良く手をつないでいるノルマンディー地方の大きな器、絵付けが家紋代わりのアルザスのクグロフ型。手に取ると、訪れた町や出会った人たちのことが思い出されます。

複雑で繊細なアルザスと単純で強烈なプロヴァンス

布もまた陶器と同じで、昔は全国津々浦々で織られておりました。その中でも突出していたのが、アルザス地方です。ライン川でドイツと接する、絵にも描けない美しい町や村が点在。豊富な地下資源をドイツとフランスが奪い合い、この地が最終的にフランスに帰属したのは第二次世界大戦後のことでした。

歴女ぶりを発揮するのはこのへんでやめて、アルザス地方のミュルーズという町にある織維博物館のお話をしましょう。刺繍《ししゅう》糸で知られている、DMC社が管理しているすばらしい博物館です。木綿生地ならミュルーズと教えてくれたのは、パリのモンマルトルにある生地屋の店員さんでした。買いたいと思う古典模様の布の端を見ると、どれにもミュルーズの織維博物館のマークがありました。

文様が複雑で多彩色のアルザスのプリントの対極にあるのが、フランスの生地ブランドのソレイアードに代表されるプロヴァンス模様です。ドーデの『風車小屋だより』で、ローヌ川にいる怪獣、タルタランが棲んでいると書かれているタラスコンに、ソレイアード社の博物館があります。こちらは繊細なアルザス製とは違って、シンプルならではの迫力がありま す。太陽がいっぱいで、私たちを元気にしてくれるのが、プロヴァンス模様の魅力です。

(右)アルザス名物のクグロフ型など、ストラスブールの北、シュフレンハイムという村で作られた陶器。(上)晩年のピカソが窯を持っていた南仏ヴァロリス村の陶器。

ノルマンディー地方のオンフルールという町で買った、大きな器。厚手で重たくて、見た目は丈夫そうですが、かなり焼きが甘いので縁が欠けやすいのが玉にきずです。

プロヴァンス生地の代名詞のようになっているソレイアードは、いうなれば純正。重なった下のほうの粗い布目の生地は無名ブランドで、並べると違いがわかりますね。

繊細で多色刷りの模様、絵柄、生地の薄さがアルザス生地の技術の証し。ここにある図柄はすべて、版型がミュルーズの繊維博物館のコレクションになっております。

引っ越し荷物に混ざっていた子ども椅子

小物にペンキを塗るのが好き

前世がペンキ職人だったと、確信しています。なにしろ、ペンキを塗るのが好きなのです。水性なら水、油性なら薄め液の足し具合や、刷毛の選別も直感でわかります。

といっても養生などが不手際なので、部屋の壁ならせいぜい一面だけで、塗るのは小物ばかり。幼児用の椅子など、パリの木工屋さんの店先に並んでいた白木のものを買って塗りました。エメラルドグリーンのはもの置きで、親友が外猫用に餌をのせていた台をもらって、彼女好みの色に塗り替えました。

ほんとうはもっと何脚もあったのですが、帰国を決めて、東京に家財道具を送る段になったときに、送料が高くならないように厳選。しかし、後になって単独のコンテナー輸送の場合は、個人が使っていた家具なら、いくらでも積めたことを知りました。うちに遊びに来ていた子どもたちが座っていた、私がペンキを塗った椅子たちをパリに残してきたことが、ほんの少し悔やまれます。

以前やっていたお店の看板も、ヨーロッパの街角風に自分でペンキで描きました。

眺めている人の気持ちを優しくする雑貨

めだたないけど心に残るもの

「これだけいろんなものがあって、わからなくならないものですか？」と聞かれることがありますが、不思議なことに、どれひとつとして出所がわからないものがありません。骨董品に類するものも、そこらに転がっていそうなめだたないものも、どれも平等に、彼ら彼女たちは私の記憶の化身です。

聖書に出てくる「禁断の木の実」がリンゴではなくイチジクかもしれないと知って、驚きました。『天地創造』には詳しくありませんが、リンゴが大好きだとまわりの人に申しておりましたら、できたばかりのリンゴの布小物を、キルト作家の友人がくださいました。

デコイの仲間に、アルザス名物のコウノトリとアヒルが混ざっております。アルザスで長く修業したパティシエの友人が、久しぶりに彼の地を訪れたときのお土産です。ポケットから宝物を差し出すように、私に繊細なコウノトリをくれたのでした。もう1羽は、牧場に放し飼いになっていたアヒルの群れに母娘で追いかけられたときの恐怖心を、思い出させてくれる珍しい記念品です。

前世はペンキ屋を自認する私が、
30年以上前にパリで塗ったのが
左のピンクの椅子。エメラルド
グリーンのは、親友が猫の餌台
にしていたのをもらって、彼女
好みの色に塗り替えたもの。

私が神楽坂でやっていたお
店の看板。看板屋さんにい
くら説明しても伝わらない
ので、ヨーロッパの街角風
に自分で描きました。屋外
で雨風にさらされるので、
ペンキは濃いめの油性です。

真ん中右の陶器は、ノルマンディー地方の骨董屋さんで見つけた、カルヴァドスというリンゴを原料にした蒸留酒を飲むためのもの。上の小さな布リンゴは、キルト作家の蜷川宏子さんからいただきました。

お堀の家族鴨のような、手前の小型デコイたち。右を向いているアヒルを見るときまって、娘とアヒルの大群に追いかけられた日のことを思い出して笑います。奥がアルザスからやってきた、幸せを呼ぶコウノトリ。

少しずつそろえた、お気に入りのコーヒーカップ

気に入ったものを一客ずつ別々に

改めてコーヒーカップを並べてみて、その多さに私自身が驚いたほどでした。自分ではとくに、趣味にしようと思ったわけではないのですが、私のコーヒーカップ第1号になったセットを手に取り、新聞紙に包んで持ち帰ったあの日のことを、まざまざと思い出しました。

1979年の、9月末の土曜日の午後、パリで初めて「蚤の市」を訪れたときのことです。このコーヒーカップがなぜか7客と、ほかに紅茶とミルクとお砂糖のポットがセットで80フランでした。当時の金額で約6000円。あのころの私たちにはとんでもない大金でした。あれから20年もパリに住んでいようとは、私自身、予想もしておりませんでした。

第1号から最新のものまで、カップたちとの出会いについては、すべて頭の中に入っています。なかには作家さんの一点ものや、1853年作と記されたティファニー工房初期の珍しいものもございます。私は基本的に、コーヒーカップは気に入ったものを一客ずつ買います。それぞれに愛情がましますし、お出しするときにお客さまの雰囲気に合わせて選ぶ愉しみもあります。

使いやすいカトラリーと、お料理が映えるお皿

食器に求められる究極の機能美

手の中にふんわり納まり、手の代わりに食べ物を口に運んでくれるナイフとフォーク。切れ味もさることながら、重さと形のバランスの妙は、さすが横飯《よこめし》のお国柄。私が使っているカトラリーは、ライヨールとクリストフルがほとんどで、どちらもフランス製。ライヨールは地名で、フランスの中央山塊の南の村。ソムリエナイフで知られている高級品ですが、私のは本物のライヨールとはいえ普及品。クリストフルは、銀製品で有名なブランドです。

ここ数年、自宅でのフレンチでのおもてなしの際に、ナイフとフォークに箸を添えることにいたしまして、お客さまたちに好評です。肉食文化ならではのナイフとフォークですが、和食で使う箸は洗うのも楽で、なんと機能的なことでしょう。

お皿の好みについては、白無地がほとんどです。食卓の真ん中に、ローストしたお肉の塊をボンと置く場合は白無地とはかぎりませんが、銘々皿は白でそろえたい。一にも二にも、お皿の本分は料理の引き立て役に徹してもらいましょう。

丈夫さを含めて、使い勝手のよさでは、イタリア製のジノリ（上から2段めの真ん中）に軍配が上がります。最近人気のジアン（2段め左、3段め右）は、もっともフランス的な素朴シック。1853年作のティファニー（下から2段め真ん中）は柿右衛門風ですね。

洋食器は、料理をおいしそうに見せる白い食器がほとんどです。アウトレットで買ったもの、パリから運んだものなどいろいろですが、白い豆皿はとても重宝してます。

（左）いつの間に増えたのかあきれながらも、カトラリーも用途に応じて使い分け。高級品とされるライヨールですが、フランスの地方料理に最適。
（上）手入れが難しいとされる銀器も、自分のものなので歯磨き粉でキュキュ。

私の心の糧になってくれる本の中の人々

読書の魔力を感じさせる名作

知識を増やすためにとか、教養を身につけるためにとかで読書をするわけではありません。本を読んで得られる最善のことは、ひとり遊びの方法が身につくことかもしれません。活字から想像力を駆使して空想の世界に飛び立てるのが、愛書家に与えられた特権ですね。

数年前、『マルコ・ポーロ　東方見聞録』の全訳が発売になりました。こっそり歴女を自認している私は、むさぼるように読んだものです。マルコさまに降りかかった苦難に比べれば、私ごときはなんのそので力百倍。いつかヴェニスを訪れる機会があったら、マルコ・ポーロが眠っている教会に行くつもりです。

好きな本はまだまだあります。後にビゼーのオペラになった、メリメの『カルメン』に誘われて、フランスのスペイン国境の雑木林で居眠りをしているつもりになれます。バーナード・ショーの『シーザーとクレオパトラ』でローマ皇帝シーザーが、白い猫を抱えた美少女のクレオパトラと出会ったときの描写の、なんと衝撃的なことでしょう。まわりの人にどう思われてもいい、本があれば。そんな野蛮な気持ちになってしまうから、本は魔物です。

女流作家ジョルジュ・サンドの関連書

年をとるなら、激しく家庭的な彼女のように

ロワール川の支流のノアンという村にある、女流作家ジョルジュ・サンドの館を訪れたのは20年ほど前でした。ショパンも滞在していた、映画の舞台にもなった館です。

奥の厨房を見せていただくと、サンドの手書きのたくさんのレシピが残っていました。男装の麗人と呼ばれ、小説家のミュッセとか音楽家のリストと浮名を流し、パリの社交界で話題になったサンドが家庭的な女性だったことを知り、うれしくなったのでした。

ショパン生誕200年を境に、サンドの評価が好転しました。その前後にショパン関連だけでなく、彼女についての資料がたくさん世に出て、ふたりの関係がつまびらかになったからです。繊細なショパンをいたぶった性格の悪い年上の女、憎きサンドと思っていたショパンのファンたちが、彼女の見方を変えたのでした。サンドとつきあっていた期間が、ショパンの創作のピークと重なるからでもあります。ふたりの別離については諸説ありますが、彼女にとってショパンは、恋人としては飽き足らない存在だったにちがいありません。彼女に対する興味がつきないので、関連書を見つけるとつい取り寄せてしまいます。

資料用に頻繁に手にする本や雑誌が、この本箱に集まっています。日・仏・英の本が混在していて一見するとぐしゃぐしゃですが、私にとってもっとも大事なコーナーです。

マルコ・ポーロの話をイタリア人の書記が、中世フランス語で口述筆記。ファクシミリ版で再現された原書が、私の宝物に加わりました。

『カルメン』はメリメの原作、『シーザーとクレオパトラ』は脚本家のB・ショー、『ルパン』は数年前に発売になったルブランの遺作が最高。

髪に花飾りのこの絵が知られていますが、現実の彼女は美女ではありません。ショパン生誕200年を機にサンド関連の本が多数出版されました。この本には、サンドがお客さまをもてなした食堂も載っています。

使いすぎてぼろぼろになった『ラルース料理事典』

料理書に教わったフレンチの基礎

幼いころから人に教わるのが嫌いで、自分でゼロから覚えないと気がすまないひねくれ者の私は、料理も完璧に独学です。ただ、夫の命令で、〝リッツ・エスコフィエ〟という有名な料理学校に通ったことがありました。ですから、そこの正式なディプロム（資格証）は部屋のどこかにあるはずです。ただ、卒業試験の結果は同期の中で最低でした。私の点数を見た学校の秘書さんが、「気にしないでね」といって慰めてくれたものです。

自慢できませんが、そこでは習いに来ている生徒さんたちばかり気になって、肝心の料理にちっとも集中できませんでした。料理はといえば、料理専門の書店のオーナーさんと仲良しだったので、紹介してくれたたくさんのすばらしい料理書を参考にさせてもらいました。

とくに熱心に使い込んだのが、『ラルース料理事典』です。フランス料理を知るうえで、娘に買った子ども用の料理本もとても役に立ちました。基礎をしっかり覚えないことには、応用が利きません。手の込んだ高級料理はレストランのシェフに任せて、私は作っておもしろい地方料理にのめり込んでいったのでした。

物語が詰まった私のアンティーク

骨董屋さんでの奇跡の出会い

昔、テレビがまだ白黒だった時代に、「私の秘密」という番組があったのを覚えていらっしゃいますか？　冒頭でアナウンサーが言う、「事実は小説より奇なりと申します」というくだりが、幼い私の頭にインプットされております。その後、学生になって「唯物史観」という言葉を知って、ますます歴史が好きになりました。

ラスコーの洞窟やクロマニヨン人で知られる、南仏ドルドーニュ川のほとりの、目も醒めんばかりに美しい村を通りかかったときのことでした。時間があったので、娘と村を歩いていて、一軒の骨董屋さんを見つけて入りました。そこで目に飛び込んできたコーヒーカップの裏を見ますと、「オキュパイド・ジャパン」の刻印が押してあるではありませんか。それ以来、アンティーク店をのぞくたびに私は、無意識に「オキュパイド・ジャパン」が記されていそうな、和物を探しております。

骨董品の価値は、これだなと思いました。高いだけではお札といっしょ。私にとって骨董は、そのもの自体に秘められた物語あってのものにちがいありません。

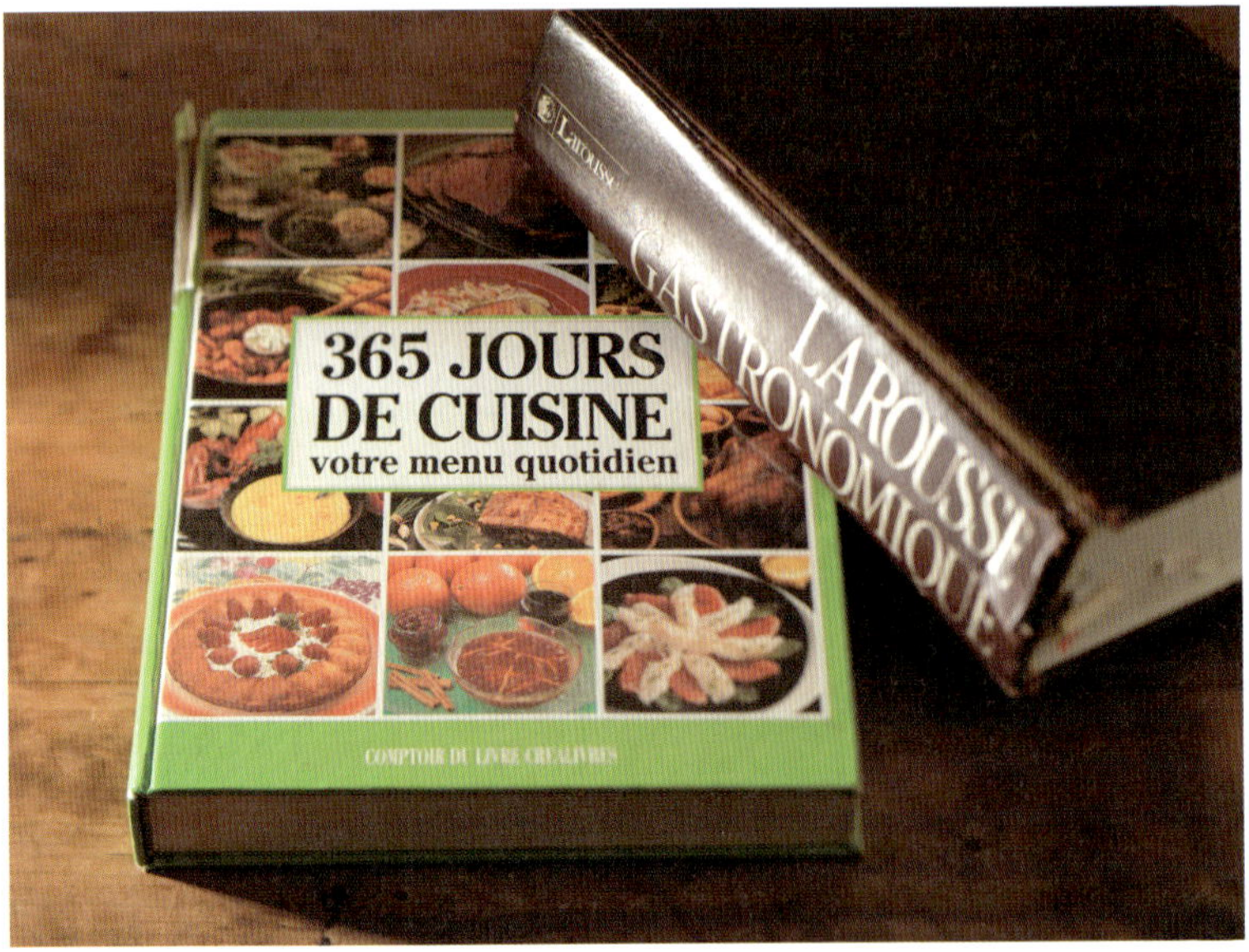

地方料理に出会うと、帰宅してまず『ラルース料理事典』の頁を開けてみたものです。家庭料理の参考書、『365日の料理』とともに、私のバイブルです。

フランス料理界の鬼才、ミッシェル・オリヴェが自ら著した、子ども向け料理とお菓子の指南書。分量は「大スプーン○杯」式で、子どもが絵を見て作れるように明解。娘も仲間と、この本でいろいろ作っていました。

大きいほうのガレは、東京に拠点を移して間もないころ、好奇心全開で見学に行った骨董オークションで運命の出会い。小さいのは、パリの親友から譲ってもらいました。

戦後のほんの一時期、外国に輸出される商品に、「オキュパイド・ジャパン」の刻印が押されていたそうです(右)。戦後の混乱期に海を渡り、今までがんばっている彼らに敬意を払います。

第二章

心地よさを生む装いと暮らしのコツ

服は着る人にとっての「らしさ」が大切。
自分が気持ちいいと思えれば、それでいいのです。
住居は広いに越したことはありませんが、狭くても大丈夫。
秩序ある乱雑をモットーに、居心地のいい部屋を演出しましょう。

自分だけのマイ・ルールを決めて、爽やかに暮らす

毎日を気持ちよく過ごせたら、最高ですね。とくに私たち女性の場合は、その日に着る洋服や髪形によって、気分ががらりと変わります。ですから、「これだけ押さえれば大丈夫」というポイントをつかんで、自分の中にしっかり持っておくことが大切です。

住まいも同じで、急なお客さままでも慌てずに、快く対応できるようにしておきたいものです。かといって四六時中、家の中を磨いて疲れてしまっては元も子もありません。家も最低限、「ここだけはいつもキレイにしておく」と決めておけば、心安らかでいられると思います。

おそらくみなさんも、こうしたマイ・ルールをお持ちのことでしょう。私もいつの間にか、そうした決まり事ができあがっておりました。本章では、私が実践している心地よさを生み出すための暮らし方をご紹介します。とくに私のファッションとライフスタイルは、パリ生活が長かったおかげで、知り合いのフランス人たちから受けた影響が大きいかもしれません。おしゃれだけでなく生活全般において彼らは、「自分らしさ」を追求します。私なりのこだわりがあなたの、新しいご自分を発見するきっかけになれば幸いです。

とにかく気に入っているバレエシューズ風のパンプス。お値段も手ごろであまりに履きやすいので、色違いで購入。とっかえひっかえして、毎日履いています。

気に入ったものを使って、使って、使いつくす

買ったものをとことん使うフランス人の消費生活

旺盛な消費欲とか、消費の活性化という言葉を耳にするたびに、それは消費ではなく購買なのではないかと疑問に思ってしまいます。旺盛なのは購買欲であって、消費欲ではない気がするのです。消費をいくら活性化しようとしても、食器を洗う洗剤を倍も使えるわけではありませんし、一度に靴を3足履けるわけではありません。

その点、ケチが信条のフランス人の消費生活は徹底しております。彼らのいう消費の本来の意味は、買ったものをとことん使いきることです。

フランス人の消費意識を思うと、たとえば洗剤の最後の一滴を使い終わるときの悔恨の情と失望感をいっしょにしたような彼らの表情を、ついつい思い浮かべてしまうのでした。

しまり屋のパリっ子と肩を並べて20年間も暮らしていただけあって、私も大のしまり屋です。どんなに安くても、いまだにティッシュペーパーがもったいなくって、箱から一度に何枚も引っ張り出して使えません。

口紅もそうで、最後の最後まで紅筆でリップの底をこそいで使うので、私は化粧品会社の方からすれば嫌な客なのかもしれません。ヘアクリームの一本がムダに思えて、髪に平気でオリーブ油。高価なアンチ・エイジングの栄養クリームがお値段相応に効いたら、それこそノーベル賞ものですもの。

かといって私がコスメにまったく興味がないのは、フランス仕込みの強固な精神からではありません。性格が、めんどうくさがり屋なだけです。コスメを何種類も持っていても、私の顔はひとつ。効果もメイク技も、あれこれ考えたくないという怠け心だけです。自分が持っているもののアイテムが少なければ、悩まなくてすむと思うのは、単純すぎるでしょうか？

好きなものは、ずっと持っていたいし、着ていたい

たまに私は、自分がものすごく未練たらしい人間かもしれないと思います。友人から、「いつも同じセーターを着ていて、恥ずかしくないの？」と言われるほど、ひとつのものに執着するからです。友人から指摘されたセーターがそうで、なんと15回の冬に活躍しました。その濃いグレーのセーターが私は好きで好きでたまらないので、15年も着続けられてうれしくて仕方ありません。

そのセーターを買ってくれたのは、私の姉でした。私がパリから東京に拠点を戻した年の、晩秋のことでした。新宿の高層ビルの地下の、特設会場で開かれたバーゲンに姉に誘われ、ひょこひょこついて行ったのです。そのとき、私が買ってもいいなと思って手に持っていた唯一の商品が、そのセーターだったのです。

そのセーターが気に入ったものの、バーゲンとはいえけっこうなお値段でしたので、私は買うのをためらっておりました。するとバーゲン会場用のビニール袋を満杯にした姉が私に近づいてきて、私の手からさっとそのセーターを取り上げてレジに並んだのでした。おもしろいことにそれが、姉から私への初めてのプレゼントになったのでした。

だから大切にしているわけで、そのセーターへの私の偏愛ぶりは相当です。肘に穴が空いたら革の肘当てを縫い付け、袖口が擦り切れたので内側に1㎝ほど縫い込んで、ゴムを通しました。15年間、冬になると着っぱなしですから、全体が薄くなったおかげで、ますます着心地満点。これだけ愛されればセーターも本望と思うのは私の勝手で、先方にしてみたら酷使に耐えかねて、悲鳴を上げているかもしれませんね。

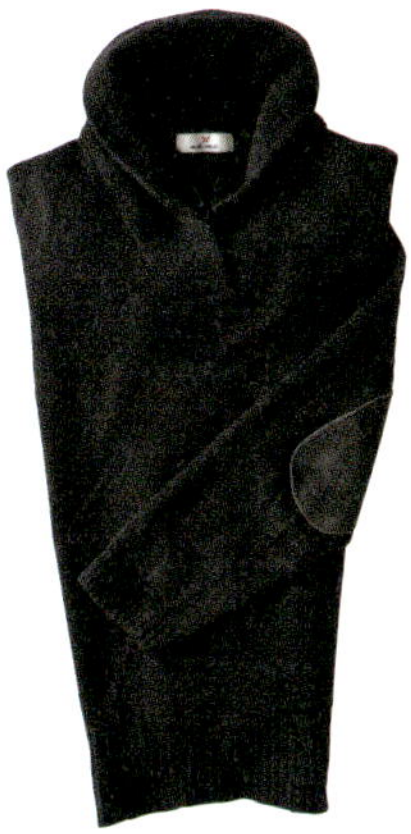

15年前、姉が買ってくれたカシミアのセーター。肘が切れたので革を当て、袖口がよれたので、内側に縫い込みました。

まるで油絵のカンバスのような、しっかりした裏ナシ麻コート。下に襟付きを着て、たまにはくパンタロンのときに大活躍。本麻は自宅洗いができるので、とても便利です。

アクセサリーの類いは苦手ですが、ブローチはたまにつけます。大きなカメオは本物ですが、重いのでつけたことがありません。これもやはり眺めて愉しんでいます。

定番スタイルを決めて、悩まないおしゃれ

流行より「らしさ」を優先

ファッションが芸術のジャンルだと知ったときから、装いについて私自身が謙虚になりました。

芸術に昇格したファッションは、私が追いかけても無理です。そういえばパリっ子たちも、こう言っているではありませんか（ちなみにファッションのことをフランス語で、モードと言います）。

「モードは芸術だわよ。美術館の絵画は眺めるものであって、買うものではないのよ。モードも同じで、高級店が並んでいるシャンゼリゼのモンテーニュ通りやサン・ジェルマン・デ・プレ界隈のお店にレイアウトされている洋服やバッグは、すてきだと思って観るだけでたくさん。それにトップ・モデルたちがファッションショーで着ているものを私が着ても、似合わないもの。デザイナーが私のために、考えているわけではありませんしね。モードは観て愉しむだけにして、私はお値段も色も、私にふさわしいものを着る」

ちっとも特別なおしゃれをしているわけではないのに、パリジェンヌがおしゃれに見えるのは、彼女たちが自分に似合う服しか着ていないからです。残念ながら私たち日本人女性は、流行に敏感であるがために損をしている気がします。ややもすると、はやりのものに目を奪われ、どれが自分に似合うかの選択を誤りがちではないでしょうか。

装いは、あくまでも「自分らしさ」に軸足をすえて考えてみることです。Tシャツを1枚買うときも、何枚か選んで鏡をのぞいてみましょう。そして「鏡よ鏡、どれが私に似合うかしら」と、鏡に問いましょう。まちがってもTシャツだけを単独で吟味したり、ブランド名に惑わされないでください。

鏡の中の自分に、果たしてリボンやフリルが似合うでしょうか。鏡をのぞきながら消去法で考えた末に、シンプル・アンド・シックが私の定番スタイルになりました。

地球は広いですが、最新トレンドのファッションやブランド品がちまたにあふれているのは、アメリカとイギリス、フランスの都心部、それと日本ぐらいなものです。先進国でも都心部を離れた町や村の女性たちは、自分のおしゃれに余念がありませんが、流行とは無縁。たとえば、東欧とか北イタリアの山の中やフランスの田舎町で肝心なのは、その人に合ったおしゃれです。反対にそれだけ、その人のセンスが問われるわけです。

私もさんざん試行錯誤を繰り返した結果、これならどこに出ても恥ずかしくないおしゃれに到達しました。とりわけ斬新ではありませんが、自分に合うのはベーシックだということを体得したわけです。

応用が利いて、自分にいちばん似合うものを

どこに出ても恥ずかしくない装いの第一条件は、自分にその服が似合っているかどうかです。どんなに上等な洋服でも、借り着のようでは意味がありません。

私に必要なのは、着心地がいい、そして私に似合う快適なセーターとスカート。石畳の路地裏でもシャンゼリゼでも、フランス中の町や村をとことこ歩ける履きやすい靴でした。

とくに気に入ったものがあったら、同じものをふたつ買う癖がついたのも、パリでのことです。お客さまが欲しがる商品が欠品のとき、他店に問い合わせてくれるような親切な店員さんは、わが国以外にはいません。ですから、欲しいものはその場で調達しておかないと、後になったら絶対に手に入らないわけです。

着心地がよくてお値段的にリーズナブルな同じセーターが2枚、履き心地がいい同じ靴が数足という具合に固まった自分の基本アイテムが、いつの間にか私らしさになりました。

(左)自分で作るスカートは、生地を奮発。日暮里の繊維街で買ったイタリア製のエトロです。スカートに色物を着たときは、上に黒が無難。(右)下が黒のときは上は色物で。背中が大胆にくれているこれは小パーティー用。

じかに着る薄手のTシャツなどは、着心地が最優先。とくに気に入ったものがあったらお店に戻って、迷わず2枚めを購入します。

痩せずして痩せて見える、手作りの巻きスカート

ロング丈、簡単に洗える巻きスカートは万能選手

自転車に乗れないので、パンタロンには無縁です。年に2、3度、曼珠沙華《まんじゅしゃげ》やヤマザクラを見に行くときのために1本だけ持っておりますが、着慣れていないのでかえって窮屈。

パンタロンをはかない代わりに私には、巻きスカートという強い味方がいます。合わせを後ろにすれば、どんなに風の強い日でも大丈夫。夏は麻やコットン生地のものをTシャツに合わせて、春・秋・冬はウール生地のものを厚手のタイツと組み合わせて。巻きスカートは私の日常着かつ外出着です。

私の巻きスカートへのいちずなまでの思いは、なまはんかなものではありません。何がいいかといって、巻きスカートはおなかが楽ちん。仕事柄、机に向かっている時間が多いので、おなかが締めつけられるのがいやなんです。Gパンをはいたこともございますが、長いこと椅子に座ってじっとしていると、おなかが苦しくなります。その点、巻きスカートなら机の下で、いくら脚を広げても大丈夫。ウエストの紐《ひも》を緩めれば、まるではいていないようにリ

ラックスできます。

椅子から立って、そのまま外出するときはウエストの紐をキュッと縛り直せばタイトスカートに早変わり。外見は裾が締まった、おしゃれなスカートになります。

巻きスカートに開眼したきっかけは、ギリシャ彫刻でした。「ミロのヴィーナス」もそうですが、ギリシャ時代の女性たちはみな、一枚の布を体に巻きつけているではありませんか。ウエストもヒップも、締めつけるのが大嫌いな私にとって、布を纏《まと》っているだけのギリシャ彫刻の女性たちが、うらやましくもありました。

歴史的にみると、織物としては木綿より麻が先ですから、彼女たちの体を包んでいたのは麻布。彼女たちを眺めていて、そういえば以前、立体裁断という言葉を聞いたことを思い出しました。それが、私が巻きスカートにトライしたきっかけでした。

いままで、改良に改良を重ねて、何十枚も巻きスカートを作りました。正式に洋裁を習った方がご覧になったら適当すぎるでしょうが、私の巻きスカートは長方形が基本でファスナーも不要。裏なしなので、洗濯とアイロンかけが超簡単です。

気分を変えて、ウエストで布をたくし上げればスカート丈も自在。スパッツの上に、巻きスカートというのもおしゃれですよ。

巻きスカートの作り方

丈も幅も自由自在。どちらかというと巻きスカートは、太めの方におすすめです。

① 左頁の図のように布を裁ちます。

- 幅140cmとしていますが、着物を着る要領で生地の中心が背骨にあたるように腰に巻いたときに、前で重なる部分が多すぎる場合は20cmほど切るとよいでしょう。
- 丈は私の場合は85cmですが、ご自分の身長に合わせて作りたい長さに調整してください。
- 巻いたときに後ろになる部分のウエスト部(A)を図のように2cmくります。

② ダーツを入れ、ミシンで縫います。

- 初めに脇縫い(B)をして、自分の体に合わせて図のようにダーツを適宜入れます(C)。ダーツが腰のカーブに沿うようにミシンをかけます。
- ウエスト部以外の三辺を三つ折りにして、ミシンをかけます。

③ 紐をウエスト部分に挟み込んで縫い付けます。

- 紐はたたんでミシンをかけます。
- ウエスト部を1cmの三つ折りにし、そこに紐を挟み込んで縫い付けます(下写真参照)。

私はロングサイズで作っています。ダーツが入るのでウエストから腰の部分がすっきりして見えるかも。大股で歩いても無理がないのが気に入っています。

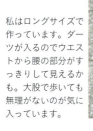

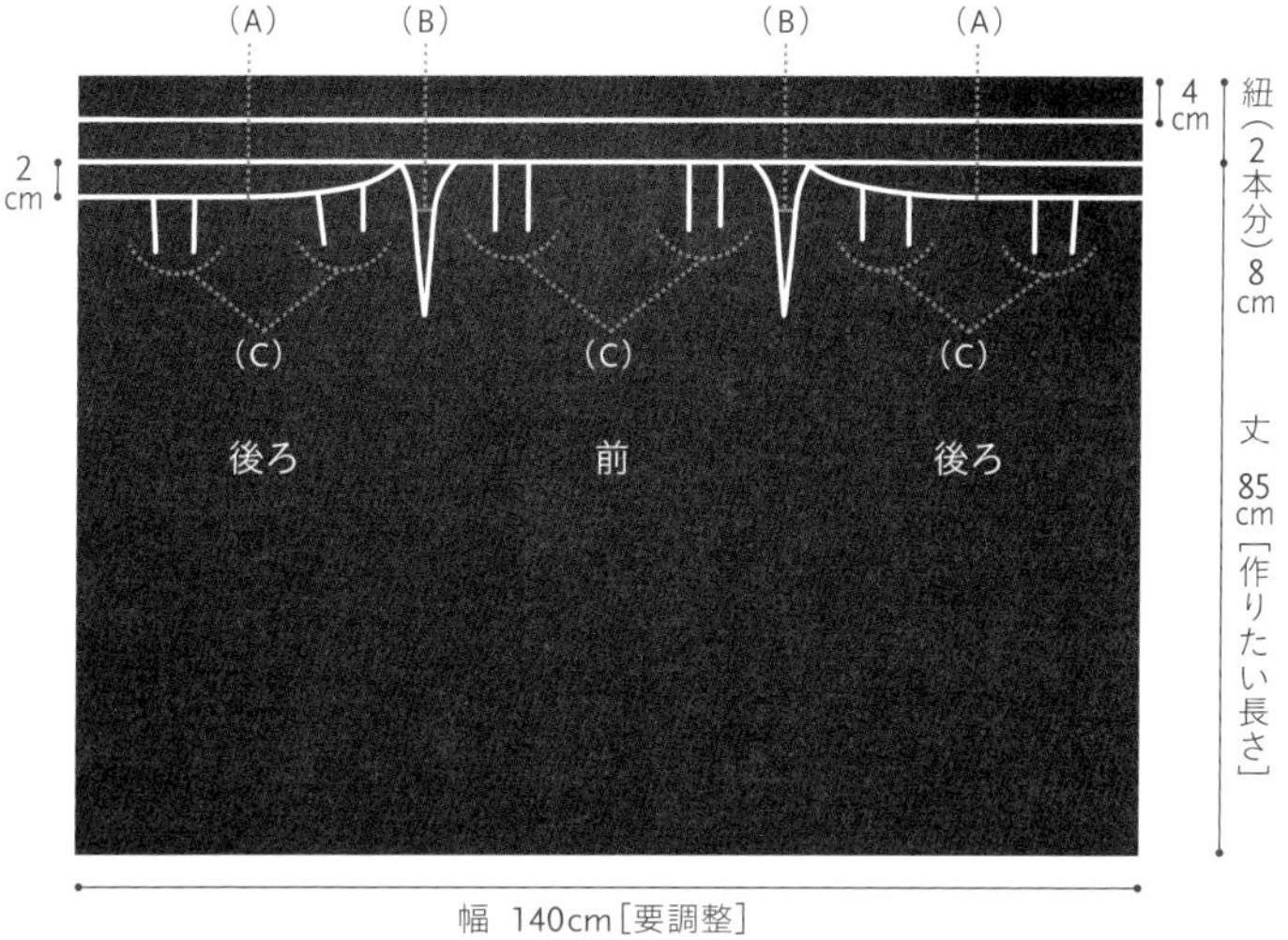

※縫い代込みの寸法です。

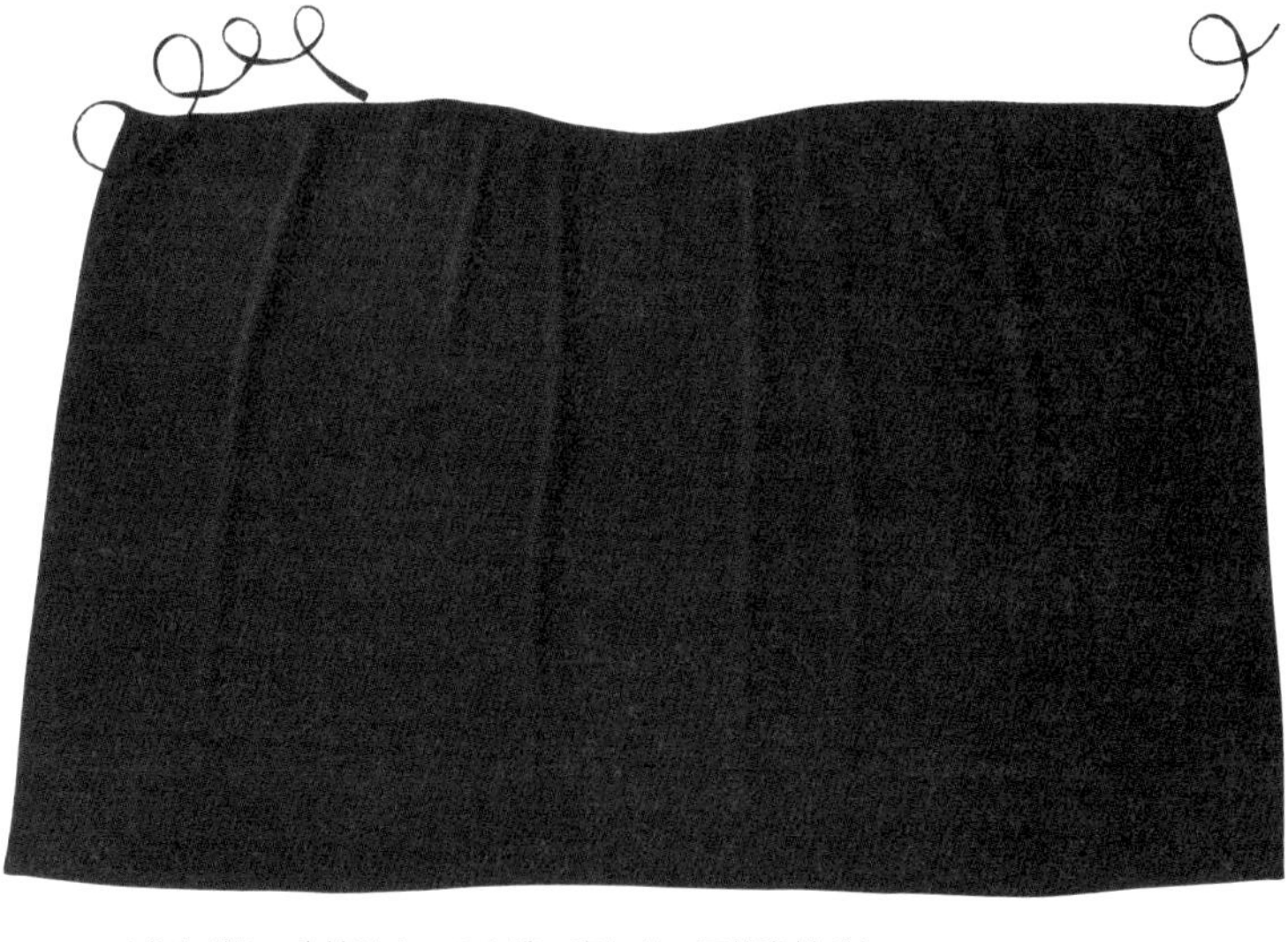

できあがり。生地はウールや綿、麻などの天然素材がおすすめです。黒や濃紺などが締まって見えますが、ご自分のワードローブに合わせやすい色でお作りください。

ふだん使いだからこそこだわりたい、エプロンの魅力

汚れがめだたない色と、アイロンのいらない素材で手作り

世の中に、エプロン・フェチが多いことに、お気づきでしょうか？　お料理教室で必需品のそれは、白地やレースといった清楚で女性的なものが主流ですね。アイロンがきいた、よそ行き感覚のそれもエプロンらしくて、心躍ります。

私がここでご提案しているのは真反対で、黒っぽくて汚れがめだたないプリント地のエプロンです。黒といっても、レストランのソムリエさんの、タブリエと呼ばれる長い前掛けとはまったく別物。レストランでは厨房で働くコックさんの制服は白で、表のサービスは黒です。その両方を仕切る素人の私たちの場合は、白も黒もだめ。たとえば、小麦粉や片栗粉を使うと、真っ黒のエプロンでは汚れがめだちます。

さんざん考えた末に私は、エプロンをすることで自分のシルエットが締まって見える、アイロンがいらない黒系にしました。

このエプロンは、色と素材が決め手です。ですから、まず生地を探すことから始めます。

よくあるエプロンとは違う感じの生地の選び方のコツは、エプロンが持っているイメージを払拭することにあります。中学生や高校生の女の子がするわけではないのですから、ピンクの花柄やギンガムチェックはパス。大人の女性の装いの延長線で、考えてください。

〝洋裁の経験がないけれども、なにか縫いたい、作りたい〟とお考えの方には、このエプロンをぜひおすすめします。基本が直線縫いなので、ほぼ完璧にミシンで縫えます。極端な話、ミシンがなくても手で縫えるんですよ。

パリの公園で、子どもたちを遊ばせていたときのこと。仲良しのママが、持っていた袋から布地を取り出して、針と糸でチクチクお裁縫を始めたのでした。子どもを見ながら編み物をする光景はよくあったので、彼女もきっと簡単な袋物でも縫っているのだろうと思っていた私は、次の瞬間、仰天しました。彼女はなんと、娘さんのワンピースを手で縫っていたのです。よくよく考えれば、今でも和服は手縫い。子どものワンピースぐらい、手で縫えるのはとうぜんなのですが。

逸れた話を生地に戻しますと、ふだん着の上につけるのが原則のエプロンは、一にも二にも下に着ている服とのコーディネートが肝心。いつも着ている服の上にエプロンの生地をのせることで、よりシックになる色と柄を選んでくださいね。

エプロンの作り方

ミシンでも手縫いでもOKです。幅90㎝だと、作りやすいです。

◇1 左頁の図のように布を裁ちます。

● 私は着丈が長いので丈を90㎝としていますが、ふつうは70㎝くらいです。布を胸から垂らして好みの長さを決めてください。

● 上部幅(A)と下部幅(B)は、1：3になるようにします。

● 上部からウエストの位置までカーブを描くように切ります。脇は布幅のままで。

◇2 上部・下部と脇をミシンで縫います。

● すべて三つ折りにしてミシンをかけます。

● ポケットを、好きな位置に縫い付けます。

◇3 紐を縫い、首と両脇に縫い付けます。

● 紐は2㎝幅にたたんでミシンをかけます。

● 紐ができたら、(A)の両端(左写真参照)と両脇に縫い付けます。首紐の長さはお好みで調整を。

巻きスカートやエプロンを作ったときに出る余り布は、そのままにせず、袋にしておきます。私の場合は通帳がすっぽり入る大きさに。いろいろ使える多用途袋です。

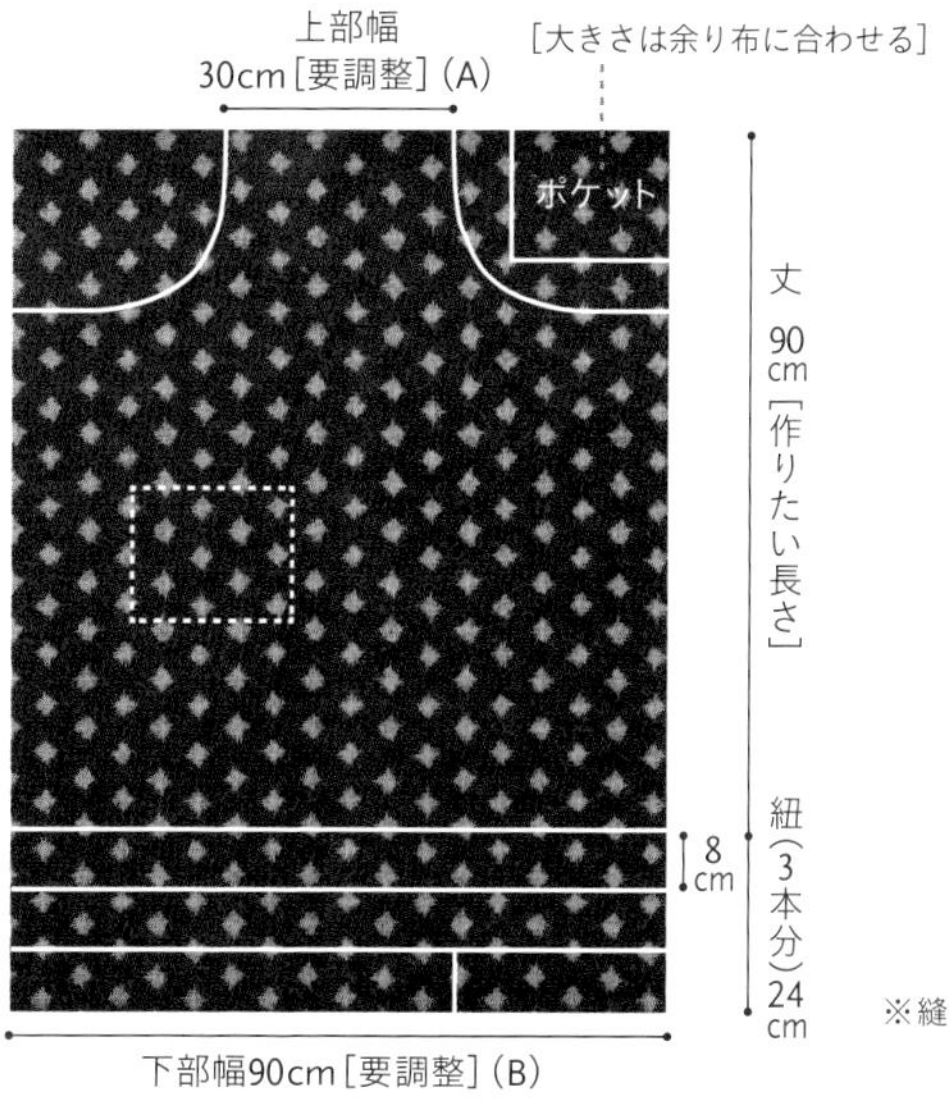

※縫い代込みの寸法です。

できあがり。汚れがめだたなくて、アイロンをかけなくてもしわがめだたない生地を選んでください。ポケットは好きな位置につけて、首の紐は肩がこらないようにゆったりと。

おしゃれなワンピースに生まれ変わった、眠っていた着物

時代を超越して輝く日本の伝統美

何度も引っ越しを繰り返しましたが、その中で残っていたものに、着物がいくつかありました。昭和20年代生まれの私たちはウーマンリブと言いながらも、たまに和服を着た世代でもあります。

私がパリで暮らしていた間、着物が詰まった重いプラスチック容器を、姉が預かってくれていました。東京に拠点を移してじきに、そのプラスチック容器がわが家に帰還。開けてみましたら、なんと懐かしいことでしょう。振袖や友禅、大島紬など、母が娘の私に作ってくれたものがざくざく出てきました。

私たち姉妹の入学式や卒業式に、母が着ていた和服まで混ざっていたのは驚きでした。さっそく風通しと称して、プラスチック容器の中身を自分の部屋に広げました。ひとしきりカーペットを彩る絹たちに魅せられながらも、自分の母親の経済観念のなさにあきれもいたしました。

でも、こうやって母が残してくれたおかげで、私の振袖を娘が成人式に着ました。私の代では帯締め一本買いませんが、何十年たっても着られる和服の底力を実感。『着付けと帯結び』という写真と図解が載った本を買い、ひとりで着物が着られる練習もしました。

和服を着たいのはやまやまですが、実際に着るかといったら「ノー」です。娘が着るかもしれないという、一縷《いちる》の望みを託して訪問着は取っておいて、永久に着そうもないものの処分を決行。大島紬以外は、押絵教室をやっている友人に引き取ってもらいました。大島紬を残した理由は、それをワンピースにして着たかったからです。紬の持つ手織りの質感と軽さが、きっと着心地のいいワンピースになるにちがいないと思ったからでした。

漂う気品の正体は、高価だった着物時代のセレブ感

さっそくご近所で、長く洋裁教室を主宰している親友の啓子先生に連絡。解いて洗ってアイロンをかけて、次の日に彼女の家に続く道を小躍りしながら急いだものです。

彼女には、大島紬のワンピースを2着作ってもらいました。同世代で、ともにハリウッドの名画シーンがまぶたに焼きついている私たちは、『ティファニーで朝食を』というだけで、「ヘップバーンのあれね」という具合に、想像力の世界を共有できました。

そこで大島紬のワンピースに和のテイストを残さず、ジバンシー風にしてもらうことにしました。ヘップバーンと私では着手《きて》が違いすぎますが、イマジネーションの世界に思いを馳《は》せるのは勝手です。

できあがったワンピースを着てみて、縫ってくださった啓子先生と私の視線が鏡の中でぶつかり合って、「さすが！」とうなって笑顔の沈黙。このひと言に込められた、思いはふたつ。まず、彼女の技術とセンス、そしてもうひとつは大島紬の持つ素材のすばらしさへの感動でした。

紬の持つ光沢が、痩せる努力をしないで痩せて見せたい私の思惑に、みごとに応えてくれたのでした。「作りがいがある」とおっしゃった啓子先生の言葉どおりに大島紬のワンピースが、最高の質感で太めの私の全身を包み込んでくれるのでした。

裏なし一枚仕立てのワンピースは、真夏以外は3シーズン着られ、おまけに準フォーマルにもなる万能選手。ジバンシー風に生まれ変わった大島紬のワンピースは、和服を知る人にだけわかるナルシシズムではありますが、だからこその気品がそこはかとなく漂います。そうですよね、洋服用にこれだけ高価な生地はありませんものね。こうしてまたひとつ、私の宝物が増えました。

箪笥の肥やしになっていた大島紬が、準正装のワンピースにメタモルフォーズ。生地がシャッキリ艶やかなので、どこに出てもおかしくない3シーズンの優れもの。

襟を大きめにくり、七分袖で共ベルト。流行を無視したお気に入りのデザインとはいえ、着るときはおなかをへこませます。後ろに手が回らないので、ファスナーは脇開き。

服を増やさず、気持ちがほっこりする小物を増やす

おしゃれは究極の自己満足

人生にはさまざまな局面がありますから、気の合わない方とも話さなくてはなりません。そんなときは自己防衛本能が、「この人、ちょっと違うんじゃないの」と、私に信号を点滅させて危険を知らせてくれます。それでも仕事だからとか、無礼なことはできないからとか、いろいろなエクスキューズをしながら身を処してきたわけです。だからこそ、自分が身につけるものぐらいわがままを言っても許される気がいたします。

洋服や靴、バッグや装身具などの身の回りのものは、私の気に入ったもので固めたい。食材は栄養が偏らないように、タンパク質とデンプン、脂肪やビタミン、ミネラル、最近では抗酸化力で知られるようになったファイトケミカルなど、まんべんなく摂取。それが、健康のためだからという名目がありますもの。でも、たとえばブローチやスカーフはタンパク質やビタミンなどの必須栄養素ではありません。自らの審美眼のフィルターを通して、私の好きなものを選ばせてもらいます。

私の洋服選びはシンプル・アンド・シックを旨としております。たとえば、スカートが無地ならカーディガンには色物をもってくる、といった感じに。ですから、それ以外の小物に何をもってくるかで、がらりと雰囲気が変わります。

お茶の先生や呉服屋さんなど、和服のプロたちが口をそろえて「着物は小物で雰囲気が変わる」とおっしゃいます。着物にはフリルもひだもなくシンプルであるがゆえに、なおさら小物が効果的なわけです。和服の小物の代表が、帯揚げや帯締めですね。

私の場合は、シンプルな洋服に合わせるスカーフにちょっとしたこだわりがあります。首にスカーフを巻くだけで、顔色をぱっと明るくしてくれるので気に入っています。

世界中でたったひとつの、自分の手で縁取りした絹のスカーフ

「神は細部に宿る」という言葉が、好きです。本来は建築やデザインに特化して使われるようですが、私は自分が愛《め》でている小物に神さまが降りてきてくださると信じます。

20年ほど前になりますが、フランスでテレビを観ておりましたら、どこかの有名なメゾンの工房が映りました。ブランドのことをフランス人は、家を意味するメゾンと呼ぶんです。テレビ画面の中で女性職人が黙々と、正方形のスカーフの縁をひと針ずつかがっているで

はありませんか。絎《く》けていたと言ったほうが、いいかもしれません。彼女の所作があまりにリズミカルで楽しそうだったので、私も真似してみたくなりました。

旅先で買って、そのままになっていた薄いシルク生地を引っ張り出してきて、テレビの彼女がしていたように、左手の親指と人差し指でこよりを作るように生地の端を丸め込むようにして、その縁の部分を右手の針ですくい上げるように絎けてみました。スカートの裾のようにまつり縫いすると、糸目が表に出てしまってきれいではありません。しいていえば、和服を縫うときの本絎《ほんぐ》けの要領でいいと思います。

何事も慣れで、何度やっても、初めの15㎝ほどはうまくいきません。でも、16㎝あたりから、調子が出てきます。そうなれば、ますますおもしろくなってやみつきになることでしょう。シルクのスカーフの縁かがりができるようになるなんて、すてきですよね。

スカーフ第1作は薄いシルクで作りましたが、2作めからはシルク・シフォンと呼ばれている、羽のように透明感がある絹にしました。ハイネックなどのセーターは、首がチクチクするので着ないので、その代わりに首に、絹のシフォンのスカーフを巻くことにしております。ただ残念なことに、シルク・シフォンは生地自体が少なく種類もありません。だからなおさら、愛着が募るわけですね。

秋から冬にかけて必須アイテム化しておりますが、手作りシフォンのやさしい肌ざわりは、どんなブランド品も太刀打ちできません。

肌にじかにつけるので、自分で洗えるのが最高。夏のクーラー対策にも手放せないアイテムになりました。

いつ、だれが来ても困らないようにしておくこと

ものは多いけれど、すっきりとした部屋作りを

「えーっ、そんな肩の凝る生活はいやだ！」と言われてしまいそうですが、そんな大げさなことではありません。

私は都心型の狭小住宅に住んでおりますが、仮に地方で広いお家に住んでいらしても同じです。狭い家に住んでいる方は、狭いから散らかるとおっしゃいますが、そうではありません。広くても散らかりますし、そのほうが雑然としてしまって、むしろ大変かも。

それに、まさか人の家に入って来て、隅々まで点検する方はいらっしゃらないはず。ましてや、「あなたの家、狭いですね」などと不躾《ぶしつけ》なことをおっしゃるはずはありません。

「狭いながらも楽しいわが家」を実現するのは簡単ですが、「広くて楽しいわが家」は、案外難しいものです。

つまり狭くても広くても、見えるところだけ片づいていれば、それでいいのです。急な来客を心配するより、いつもほんの少し片づけておくだけで、何倍もラク。それに寝室や子ど

も部屋まできちんと整頓しておかなくていいのです。玄関と、居間に相当するスペースだけ片づいていれば。たとえば、自宅近くの道で久しぶりにお会いした方に、「せっかくだから、ウチにいらっしゃらない？」がすんなり言えると、人間関係の幅も奥行きが増す気がします。

いつも使うものが決まった位置にあればそれでいい

そこで私が提案しているのが、秩序ある乱雑。第一章でお話ししたように、自分の好きなものたちに囲まれていればこその全開の幸せモードが、訪れた人たちにもきっと伝わります。私たちの家は、ホテルでもなければティールームでもないのですから、カーペットに掃除機の跡が残っているほど磨き抜かれていては、むしろ窮屈です。それに、部屋を華美に飾りたてる必要はありません。

1畳分といってはオーバーですが、室内で運動会をするわけではないのですから、お客さまが動く面積は知れています。テーブルの上に雑誌や新聞があっても、ちゃんと重ねてあれば大丈夫。コーヒーカップや湯飲みを置くスペースがあれば、それで十分。それこそ「おもてなし」の真髄で、お友達においしいお茶をお出しして、くつろいでいただければ、それだけでパーフェクト。肝心なのは、私たちが日々、快適に暮らしている雰囲気が漂っていることではないでしょうか。

秩序ある乱雑について、もう少し詳しく申しましょう。いつも使うものが決まったところにあれば、それでいい。たとえばハサミや爪切り、ボールペンや印鑑などは定位置で。それ以外のものは、自分が決めた場所にあれば心安らかでいられます。

左頁下の写真をご覧いただければおわかりのように、ウチの居間の奥の机の上は、パリの蚤《のみ》の市より蚤の市っぽい、いうなれば雑貨の集積。よく見るとその中に、お茶のときにいつも使っている小型のスプーンやフォークがあります。これまた、いつも使っている銀のミルクポットが、あたかも置物のように鎮座しております。

このスペースは、見る人によってはごちゃごちゃして意味もないように思われるかもしれません。けれど、私にとっては大好きなものばかり。ふだん使いのものと好きなものを並べて置いておくだけなのですが、毎日見ていても飽きず、心がなごみます。キッチンとテーブルの上はすっきりきれいにしておいても、このスペースだけは秩序ある乱雑で、自分の好きなようにしておく。ただそれだけですが、これも暮らしを愉しむことにつながるような気がいたします。寝静まった深夜、私の記憶がぎっしり詰まった雑貨たちが、くるみ割り人形の世界よろしく、お喋りし合っている声をぜひみなさんにお聞かせしたいです。

ここだけは、いつ、だれが来ても困らないように、この状態にしてあります。テーブルの上が片づいていて、人ひとりが歩くスペースがあればいいのですから、気楽なものです。

蚤の市でひと目惚れしたルイ王朝スタイルの机の上で、私の好きなものがおしくらまんじゅう。本物のアンティークに混ざって、製薬会社でくれた景品のお人形もあります。

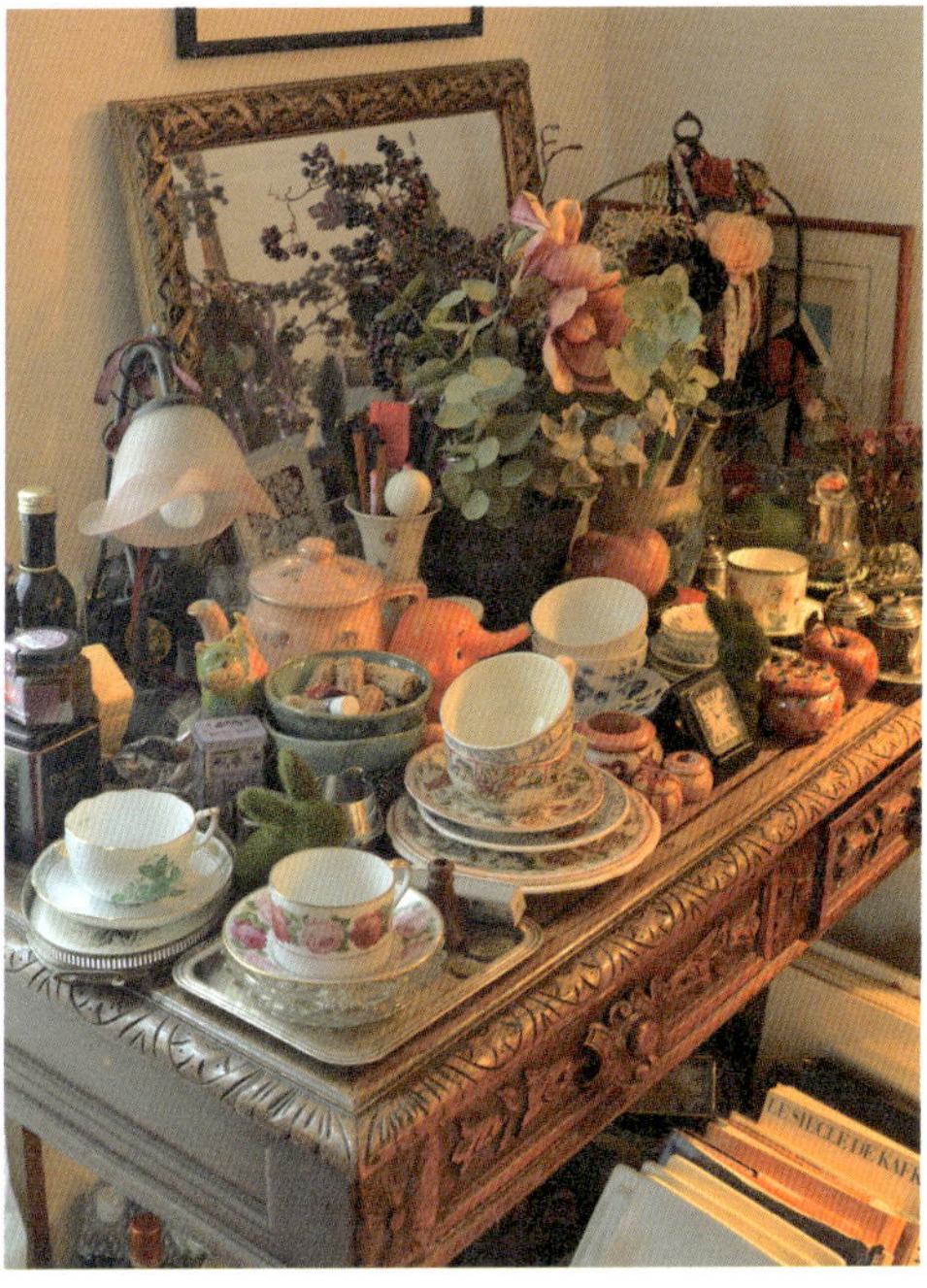

お客さまを招いて、プラス思考で上向きに暮らす

「お客さまを招くのは疲れるし、お金がかかるしめんどう」と、負の要素ばかりをあげつらうのは人生の損失です。雑誌や書籍で目にするプラス思考という言葉を、お客さまを招くことに当てはめてみましょう。なにかをするときに、〝Nothing comes from nothing〟と、唱えてみましょう。ゼロからは歓びも何も生まれません。自宅でのおもてなしは主催者のあなたの労苦を凌駕《りょうが》するだけの、得るものがきっとあるはずです。

○メリット１：部屋がきれいになる

断トツの１位はこれです。人目につく箇所をチェックして、お客さまを招く前日の夜更けに、ひとり片づけものが終わったことに安堵する瞬間は、なんとも爽快なもの。「ああっ、きれいになった」と一種、達成感にも似た思いに捉われることでしょう。生まれ変わったわが家に、掃除を終えた疲労感も手伝って、愛おしさが倍増。「人なんてお呼びできない」とネガティブになっていたときがウソのように、晴ればれした気持ちになるものです。

片づける順番はご自由ですが、私はまず玄関にある履かない靴を、下駄箱にしまうことから始めます。そもそも下駄箱があるのに、住んでいる人の数以上の靴が玄関に置いてあるのは変ですもの。玄関の次はテーブルに無造作に置かれている、雑誌や本を一か所にまとめます。いらないDMや通販カタログは、ゴミ箱にポイ。

IH風ガスレンジ、調理台、シンクが一列になったI字型キッチンにあるのは、電気の湯沸かしポットだけ。キッチンにつきものの調味料や炊飯器は、シンクの下の収納スペースにまとまっています。ゴミ箱が調味料と並んでいてはひんしゅくを買うかもしれませんが、スペースがないのでお許しを。わが家の食器棚、収納扉の内側には、キッチン回りのありとあらゆるものがぎっしりです。

○メリット2：料理が上達する

料理人は、料理が得意で当たり前です。だって彼らは毎日、同じ料理を作っているのですから。そうです、作り慣れた料理が自然とあなたの得意料理になるのです。

もうひとつ、料理は、夫や恋人に食べてもらうだけでは、上達しません。「おいしいか、まずいかくらい言ってよ！」が、長年連れ添った夫に対する妻たちの常套句《じょうとうく》なら、「黙って食べているのは、おいしい証拠」が夫たちのそれです。料理上手になりたかったら、料理教室に通うよりお客さまを招きましょう。料理教室の月謝分が、お客さま用の食材費になります。「おいしいですね」の言葉が励みになって、ますます料理の腕が上達。いつの間にか、得意料理のレパートリーが増えていることでしょう。

○メリット3：段取りがうまくできるようになる

その昔、「頭のいい女は料理がうまい」とおっしゃった方がおられます。ところで、頭がいいとは、どういうことなのでしょうか。

よくよく考えて、頭がいい方の本領は、段取りのよさだと私は思うようになりました。片づけの順番、料理の手順などのハードな部分はもとより、ソフト面での手順も肝心です。居合わせた全員にまんべんなく、愉しい時間を共有してもらえるように、目配りを怠らないのも段取りのうち。同じ鍋で作った料理を食べていただいたことで、おたがいの信頼感がましたことを確認しましょう。とはいえ、段取りのよさはひとえに経験の賜物ですから、堅苦しく考えることはありません。だれもが時間を気にせず、居酒屋やレストランでは味わえないリラックスした雰囲気に浸ってもらう、それだけ心がけていれば十分です。

わが家の玄関。人数分どころか、靴はゼロ。その代わり、小さな下駄箱の中は靴でパンパンです。

人目につくところがすっきり片づいている一方で、隠れた収納スペースで、調味料たちが押し合いへし合いしている様子をご想像ください。

パリで学んだプロの家事テクニック

家は住んでいる人の履歴書

暮らしを営むための住居は、いうなれば家族一人ひとりの心のシェルター。社会の中で孤軍奮闘している私たちが自宅に戻り、靴を脱いで、ほっとため息をつける心地よい場所が自宅です。当たり前のようですが、このことは独身の方でも、家族がいる方でも同じです。

ぱっと見て、流行の家具などでしつらえられた部屋はすてきです。でも、住宅展示場のショールームではないのですから、万人向きを狙ったタイプの部屋に魅力はありません。自宅の玄関を入って、ダイニングと称される居間を抜けて、寝室にいたる住居は、家庭によって固有の空間です。家はそこに住んでいらっしゃる方の、ある種、履歴書のようなものです。家は、そこに住んでいらっしゃる方の人間性を物語るものだと思います。

自分の家だから、どう使っても他人にとやかく言われる筋合いはない、とおっしゃられるかもしれませんが、だれにとっても部屋は、汚れているより清潔なほうが気持ちがいいはずです。最近は、足の踏み場がないほどぐしゃぐしゃで、ベッドの上までものにあふれた汚れ部屋が好きだと言い張る天邪鬼《あまのじゃく》さんがいらっしゃるようですが、彼らの本心はどうでしょうか？　だれだって部屋はきれいなほうがいいと決めつけて、話を先に進めましょう。

ファム・ド・メナージュに教わった家事の真髄

わが国でお手伝いさんを雇っているというとたいそうな家庭のようですが、外国ではかなり一般的です。フランスでは週に2日で、1回3時間といった具合に、ファム・ド・メナージュと呼ばれるお手伝いさんに来てもらっている家庭が多いです。フランス語でファムは女性のことで、ドは英語のof、メナージュは家事ですから、いわば家事のプロ。

といっても20年間のパリ生活を通じて、私はただの一度もファム・ド・メナージュを雇ったことはありません。東京の出版社の依頼仕事をしておりましたので、当時の日本との連絡はもっぱら国際電話とファックスでした。8時間ある時差の関係で東京から電話がかかってくる時間と、彼女たちが仕事をする時間がばっちり重なっていたからです。

たとえば、掃除機をかけてもらっている最中に東京から電話がかかってきたからといって、「ちょっと掃除機やめて！」とは、言えません。彼女たちにも次の仕事の予定が入っていますから。自分たちの沽券《こけん》にかけて、契約主と約束した時間内に、約束した家事をまっとうする彼女たちの仕事ぶりは圧巻でした。私は友人のお宅で、彼女たちからプロの家事テクニックを伝授してもらいました。

お金がもらえるプロの仕事の押さえどころは、磨きです。シンクやお風呂場などの水回りは水滴を残さず徹底的に磨き、蛇口やノブなどの金属部分もピカピカに光らせます。寝室や居間については、洋式のホテルだと思ってください。

家事の段取りも彼女たちの決まり事で、約束している家に到着したらまず洗濯機を回して、掃除を始めます。小1時間で洗濯機が止まったら、タオルなど乾燥機にかけるものと、乾きやすいものを選別。乾燥機をオンにして、乾きやすいものをお風呂場に干して、作業を続けます。そして最後に、お風呂場に干しておいたYシャツなどを取り込んで、アイロンをかけます。まだ完全に乾いてないので、布物にアイロンをかけると、クリーニング屋さんから戻ってきたてのようにパリッとします。

そしてアイロンかけが終わったころに乾燥機のタイマーが鳴りますから、タオルや肌着などを畳んで、衣類棚や引き出しに収納。すべてを終えて、室内を総点検して彼女たちは満足げにドアを閉めて、もう一軒の約束している家に急ぐのでした。今でも掃除をしながらふと、彼女たちの仕事ぶりを思い出し、気合いを入れる私です。

私の部屋。取りたてて特別なことはしませんが、「いつもと同じ」がある種の安心感になっています。親友から分けてもらった窓際のアイビーに、毎日ご挨拶します。

ささやかなゆとりが香る、花のある暮らし

花を飾る習慣を大切にするパリっ子たち

存在自体が華やぐ花は、まさに女性のシンボルです。男の子ばかりの家にピンクのヒヤシンスやスイトピーは似合わないと思われるかもしれませんが、そんなことはありません。学校から戻った男の子が、テーブルの上に飾ってある花を見て、お母さんに、「これ、どうしたの？」と聞いている姿を想像すると、なんだかかわいいですね。

娘が幼いとき、よくいっしょに花屋さんをのぞいて花を買いました。パリの市場の花屋さんで、でっぷり太ったムッシュが真剣に花を選んでいる姿は、とてもフランスらしい光景だと思います。頼んだわけではないのに、花を買ってきてくれた男性に満面の笑みでハグする、これまたふくよかなマダムを見ると、何だかうれしくなります。

とくに週末を控えた金曜の夕方とか土曜の午前中は、マルシェの花屋さんの店先は種類も豊富で活気にあふれます。ちなみに東京の花屋さんの場合、どちらかというと土曜日がひまだそうです。

花の都のパリですから、サン・ジェルマンやオペラ座界隈に、世界的に名をとどろかせるフラワーショップが何軒もあります。散歩途中のパリっ子たちがガラス越しに眺める、有名店の花々はため息が出るほどエレガントで、つまりブランド花屋さんというわけです。

すてきだと思う気持ちと購買欲は、フランス人の場合は無関係。バッグも服もブランド品に手を出さないパリっ子たちが、桁違いに高価な有名花屋さんの花など買うはずがありません。いつもの買い物のラストに、街の花屋さんの店先に無造作に並んだ束を手に持って、店の奥のレジでお会計。支払うときにプレゼント用なら、「パッケ・カドー・シルヴプレ」と言えば店員さんが、即座にブーケにしてくれます。自宅用なら、くるくると紙に巻いてポンです。

生花とアートフラワーを上手に混ぜて、いたずら心で花を愉しむ

現在、近所に花屋さんがあるので、四季折々の花を愉しんでおります。でも、ほとんどの場合、買うのは一種類の色物とカスミ草を1本。たとえばフリージアなら、カスミ草と1本ずつ。テーブルの上に置く花なので、お料理のじゃまにならない程度で、存在感は控えめ。花ならなんでも好きですし、鉢物も観葉植物も、アートフラワーも大歓迎です。

昔なら造花と呼ばれていたアートフラワーも、捨てたものではありません。花屋さんの前を通らない日が続いて生花がないときは、いつものアートフラワーの出番です。これがまたよくできていて、私が後ろを向いてコーヒーや紅茶を用意しているときお客さまが、こっそり花に触って本物かどうか、確かめていらっしゃるのですから笑えます。

もっと笑えるのが、真偽のほどが触ってもわからないことでしょうか。フランス製なのですが、じつに精巧にできていて葉っぱに産毛まで生え、花びらに葉脈が透けて見えるから驚きです。摩訶《まか》不思議なアートフラワーがわが家に来て、丸3年が過ぎましたが、まだまだ健在。これなら、造花も合格です。

もうひとつ、「これ、なあに?」と聞かれて、悦に入っている花器があります。世界中のいいものが集まっているはずのわが国に、これがないのが信じられません。それこそ、どんなものでも最後の最後まで使いきる、フランス人の面目躍如の逸品。下から枯れていく茎を切り捨て、この花器でリサイクルするのです。

銀のフィンガーボウルにすっぽりはまったガラスにあいた、指型の穴にたっぷり水を満たして、短くカットした花を挿します。お花大好きなフランス人ならではのこの花器は、大傑作です。

花の元気な部分だけ使って、卓上ブーケにリサイクル。

銀メッキのボウルに、指型の穴がいくつもあいた、優れものの花器です。パリで購入したものをずっと愛用しています。

パリの親友がお土産に買ってきてくださった、「エミリオ・ロバ」の造花。触るとチクついて、まるで本物の茶花のようです。

お気に入りの布でカーテンやナプキンを作る

子どものころから好きだった、裁ちくず遊び

「生地選びなら任せて」と言って憚《はばか》らないほど私は、生地に関してはうぬぼれ屋です。

東京の山手線の内回りで上野からふたつめに、日暮里という駅があります。駅から徒歩で7〜8分のところから、日暮里の繊維街が始まります。この町を訪れるほとんどの方は、私並みかそれ以上にそれぞれの店の個性を熟知していて、シルク地を買うならあそこ、カーテン地ならここという具合にだれもが店に精通。ファッション関係の専門学校生が教材を調達するのもここですが、プロたちもここで型見本を作るために生地を物色します。

買う側に生地の目利きがそろっているのはもちろんですが、それぞれの店で働いている店員さんたちはさらにベテラン。こと布地の知識ならだれにも負けないという彼らの自信が、職人さんの町をさらに生き生きさせます。この町を歩いていると私は、職種はともかく職人気質が自分の肌に合っていることを痛感します。やがてインスピレーションゲームのようにこの町が私に、母の横で黙々と遊んでいた幼少期を思い出させてくれるのでした。

母は洋服生地の裁ちくずを私にくれるとき、きまって「ようちゃんに、うどん、うどんあげる」と言ったものでした。母亡き今となっては、裁ちくずがなぜうどんだったのか、確かめる術《すべ》はありません。それにしても幼稚園に上がる前の子どもに、よくまあ生地の名前を言って聞かせたものだとあきれます。「これはアムンゼンといってね……」とか、「これはクレープ・デシンといってね……」という具合に幼い私の記憶に、母が繰り返し言っていた生地の名称が、しっかりとすり込まれているのでした。

訪れた先で記念の生地を探す

思わぬ掘り出し物に出会えるのが、日暮里の魅力です。けれども、私の日暮里デビューは、じつはそう昔のことではありません。かれこれ10年ほど前、ファッション通の友人のすすめで半信半疑でそこに出かけるまでの私は、きざなようですか、生地はもっぱらヨーロッパで調達しておりました。それは昔風にいう舶来崇拝主義の母の影響でした。

なんといっても生地ではイタリアが、フランス以上に名品の宝庫です。取材で行ったミラノやローマで生地屋さんをのぞきました。ウィーンにはハプスブルク家の残影を感じる生地屋さんがあり、バルセロナではなんとなくアラベスクでした。もちろんプロヴァンス地方やアルザス地方でも、さまざまな生地を買いました。行った先々で、お土産感覚で買った生地がスカートやスーツになって、今でも私のクロークに掛かっております。

旅先でも買いましたが、私がもっともよく生地を買ったのは、モンマルトルです。そう、かつて画家のロートレックやユトリロが出没し、若き芸術家たちがたむろしたモンマルトルの丘のすそ野の一角に、生地屋さんが集まっております。生地はかさばるうえに重たいですから、カーテン用の生地などはモンマルトルにかぎりました。うれしいことにモンマルトルの生地屋さんから自宅まで、85番の市バス一本の便利さでした。

モンマルトルの生地屋さんには、幅280cmのインテリア用の生地がたくさんありました。とりわけ私の目を引いたのが、フランスの古典模様の木綿生地でした。自宅に戻って生地を広げてみましたら、生地の出所はなんとアルザス地方はミュルーズの「繊維博物館」。イギリスの産業革命がだいぶ遅れて、地下資源豊かなアルザス地方に飛び火し、アルザスの繊維産業が、フランスの産業革命の一翼を担ったのでした。

アルザスの生地をカーテンと布団と枕のカバーにして、余ったらパソコンのキーボードの下に敷きました。一生で使いきれないほどの、ナプキンも作りました。生地を眺めて悦に入り、安堵のため息をついている私って、ほんとうに幸せ者です。

アルザスはミュルーズの
繊維博物館収蔵の版型を
プリントした、幅280㎝
の木綿生地で作った目隠
しカーテン。100円ショ
ップで買った突っ張り棒
で吊るしました。

食事のときの、口拭き用
ナプキン。フランスでも
今は紙ナプキンが普及し
ていますが、フレンチで
のおもてなしには好きな
生地を30㎝角に縫ったこ
れを使っております。

第三章

人に喜ばれる手軽なおもてなし料理とお菓子

おもてなしの鉄則は、疲れさせない、疲れない。
だれもが作れて、話題も作れるごちそうが最高です。
レストランではないのですから、高価な食材はやめてね。

手料理は心を込めて、外食よりおいしく安く

料理も文章と同じで、うまい必要はないと思います。巧みでなくても、胸にジーンとくる文章を私たちは読みたいわけです。料理にしても、小手先だけのきれいなものより、作り手の心がこもった料理がうれしい。もちろん情熱がいくらあっても、作り手にも食べ手としてのセンスがいります。自分が作った料理を食べてみて、「これはおいしい！」と思えることが大切です。

今の時代、権威あるガイドブックに名を連ねるような高級店に始まって、雑誌やタウン誌の頁を埋めつくすグルメ情報がちまたに氾濫しています。ところが国民こぞって総グルメ時代の今だからこそ、逆に手作り料理に憧れるのが、人間心理ではないでしょうか。

たまには外食も刺激的ですが、自他ともに、やっぱりおウチごはんがおいしいと思えれば最高です。それも、おふくろの味のような安心感からくるおいしさだけでなく、「これ、なんでこんなにおいしいの？」とか、「お母さん、これ、どうやって作ったの？」といった新鮮な驚きを、食べ手に与えられるのが、料理作りの醍醐味ではないでしょうか。そして、そ

う聞かれたら、さらりとこう言いのけましょう。「これ、簡単なのよ。雑誌に載っていたから作ってみたら、案外おいしいわね」とかなんとか。

「好きこそ、ものの上手なれ」ということわざは、料理作りのためにあるような気がいたします。いやいやながら作っていて、おいしいものができるはずはありません。家族のために主婦のあなたが、半ば義務的に食事の仕度をしていた時代は終わりました。せっかく料理をするなら、これからは作り手のあなたのモチベーションを上げるものを作りましょう。作り手の、おいしくしたい一心の姿勢が食べ手に届いて、両者のハーモニーで食卓が盛り上がります。

そのために、作る料理をハレの日と普通の日のふたつに、はっきりカテゴリー分けする方法をおすすめします。おいしいものは、たまに食べるからおいしいのであって、四六時中では飽きますし、食べすぎは万病のもとです。いつもは粗食で、子どもさんが合流したときなどに腕をふるいましょう。「やればできる」の心意気ですよ。

そんなハレの日のために、簡単で失敗がなくて作って新鮮、食べて驚きのメニューを次頁以降、紹介します。「お母さんの煮物が食べたかったのに」と言われたら、「また、こんどね」と言って、笑ってごまかしてください。

メインにぴったりなビストロの味「豚肉のカシス煮」

豚の角煮と同じ要領で作るフランス料理

フレンチでごちそうといえば、仔羊や牛肉が定番だったのは、ひと昔前のこと。この数年、にわかに人気が出ているのが豚肉で、豚のばら肉や肩肉の塊が看板料理になっているお店がフランスでも日本でも増えています。

もともと豚は人間と仲良しで、ヨーロッパでは犬のように飼われていました。16世紀のフランドルの画家で知られるブリューゲルの絵画にも、豚が多く登場。宴会で盛り上がる人々のおこぼれにありつこうと、テーブルの下で待機しているのは犬だけでなく、豚がたくさんいます。汚い部屋を豚小屋と呼ばれて迷惑しているのは豚たちご本人。雑食なので飼料に手間がかからず、豚ほど清潔好きな動物はいないと、フランスの養豚協会の会長さんもおっしゃっていました。最近の豚肉ブームは、肉の優等生、愛しの豚の復権というわけです。

ところでみなさんの中にも、「豚肉料理なら任せて！」と胸を張る奥さまもおいでのことでしょう。なかでも家庭料理に欠かせない豚肉の料理は、なんといっても豚の角煮です。

イベリコ豚、あぐー豚、白金豚など、ブランド豚も続々登場しておりますが、無名でも豚は美味。なぜここで、唐突に豚の角煮の話になったかというと、これからご紹介するフレンチらしい一品の「豚肉のカシス煮」が、じつは角煮を作る要領とほぼ同じだからなのです。

豚の角煮と、フランス料理の豚のカシス煮の作り方が似ているといっても、ピンとこないかもしれませんが、火を使う調理の基本は万国共通。何度かゆでこぼして、やわらかくなるまで煮るプロセスはフレンチも和食も変わりません。

カシスがなかったら、ブルーベリージャムで代用

とはいえ、料理は仕上げが肝心。やわらかくなった三枚肉の塊に最後の段階で、日本酒と砂糖としょうゆを加えればおいしい角煮になります。カシス煮ならゆで汁から取り出して、人数分にカットして赤ワインで煮詰め、市販のカシスの粒が残ったジャムを加えます。角煮はみなさんのほうがお上手のようなので、カシス煮について少し詳しくお話ししましょう。

ご用意いただくのは、豚ばら肉の塊と赤ワイン、スーパーにあるカシスのコンフィチュールと使い慣れたコンソメ少々。カシスは黒すぐりのことですが、なかったらブルーベリージャムで代用してください。お求めになるときにゼリー状のではなく、粒が残っているものを

お選びください。それでは、豚肉のカシス煮の作り方に入りましょう。

大きいままで煮て、やわらかくなった豚ばら肉の塊を取り出し、まな板の上で市販のベーコンの塊を切るときと同じ方向で3～4㎝幅にカット。ゆで汁はペットボトルで約1週間は冷蔵保存できますから、小松菜や白菜の中華風スープにしてください。

豚ばらの大きめの切り身をていねいに鍋に敷き詰め、上から赤ワインを注いで火にかけます。そのときにくずれないように、全体を揺する程度で肉を裏返さないでください。煮詰まった段階でカシスのコンフィチュールを加えて、塩とコンソメで調味。脂肪分がなくなったコラーゲン質の部分と肉の部分でワインの吸収度が違い、いい具合にできる濃淡が食欲をそそります。料理は大胆に静かに、焦げる寸前まで煮詰めてください。

カシス煮が焦げないように気を配りながら、同時につけ合わせを用意。ここでは数分でおいしくできる、既製品のマッシュポテトにいたしました。熱々のカシス煮の濃厚なソースに淡白なマッシュポテトをからめて口に運べば、紛れもないビストロの味が感動的ですらあります。

余談ですが、豚ばらを大量にゆでで、角煮とカシス煮の両方作れば効率抜群。ただし、召しあがる時機は最低でも週をまたいだほうがよろしいかもしれませんね。

豚肉はばら肉だけでもOKですが、2：1の割合で肩肉を加えると、さっぱり感が出て好評。
ここでのつけ合わせは市販のマッシュポテトですが、ゆでジャガならさらにおいしいです。

世界一おいしい!?「寄せ鍋セットで作るブイヤベース」

心を豊かにする、想像力が刺激される料理

寄せ鍋もおいしいですが、せっかくですからその材料を使って、南仏のプロヴァンス地方の料理にしてみてはいかがでしょうか？ スーパーの鮮魚コーナーにある寄せ鍋セットで、そのままブイヤベースができることを、ぜひぜひ実践してみてください。

食文化とはよくいったもので、わが国の郷土料理がそうであるように、フランスの地方料理にもその土地ならではの文化が息づいています。新鮮な魚介の、サフラン風味のブイヤベースを作りながら、心は遠く南仏のプロヴァンス。どこからともなくカモメの鳴き声が聞こえてきそうな雰囲気が、キッチンに漂います。料理を作りながら思いが南仏に飛ぶとは、なんとすてきなことでしょう。想像力ほど心を豊かにしてくれるものはありませんね。

ジャン・ギャバンが指名手配されているペ・ペ・ル・モコ役を演じる、『望郷』というフランス映画を思い出してみてください。と言ったら、古すぎるでしょうか。フランスの植民地だったアルジェリアのカスバを舞台にした作品ですが、地中海を隔てた本土のマルセイユへ募

る主人公の望郷の念……といった、無口でセンチメンタルな名作です。

マルセイユの旧港の朝、何艘もの船のデッキを渡り歩いて岸壁にたどり着いた紺色のボーダーのセーターを着たムッシュが魚屋さんに、こう声をかけます。

「ボンジュール、ポール。今朝はブイヤベース用の魚はあるかな?」

ポールというのが、魚屋さんの名前のようです。するとポールが、こう答えました。

「ウィイ、ムッシュ、いいのがたくさんありますよ。今日は何人分ご用意しますか?」

ジャガイモを買って戻ってくるからと言い残してムッシュは、雑踏の中に消えました。ポールはといえば、バケツの水しかない作業台でせっせと魚の鱗《うろこ》取り。何種類かの魚を青いビニール袋に入れたちょうどそのとき、くだんのムッシュが姿を現しました。


煮込んではいけません、5分間クッキングで

遠く南仏はマルセイユの港に思いを馳《は》せるあなたの手元に、ムッシュが買って行ったのと同じような鮮魚があります。鱗も残っていないし、数種類の切り身はよく水洗いされていて、イカとエビと貝もそれぞれ2人前ずつ。さすが、日本のスーパーの魚屋さんがやることは完璧です。それではさっそく、寄せ鍋ブイヤベース作りを始めましょう。

ご用意いただくのは、多めのオリーブ油とお気に入りのコンソメとゆでたジャガイモ2個。ヨーロッパでは媚薬《びやく》ともいわれているサフランですが、私どもはその香り自体になじみがありませんので、本物にこだわらないで色を優先。ターメリックかクチナシの実をサフランの代わりにして、コンソメといっしょに溶いた2人前の黄色いスープをご用意ください。

2人前の量ですから、片手鍋でもフライパンでも大丈夫。たっぷりめにオリーブ油を入れて火にかけ、煙が出る頃合いを見計らって、エビ、イカなど煮くずれしない魚介を先に投入。続いて高温のままで残りのすべての魚を入れて、そこそこ火が通ったところに、黄色いスープをざざーと注いでゆでジャガをポン。ものの数分で沸騰したら、はい、できあがり。

こんなに簡単にできてほんとうにいいのかしらと、瞬く間に仕上がったブイヤベースに目を細めていらっしゃるあなた。そしてひとさじ口に含んだときに、こぼれんばかりの笑顔のあなたがいらっしゃる。そうです、秘訣も隠し味もありません。ブイヤベースのおいしさは、あなたの想像力の賜物なのです。

せっかくですから材料をお買いになるときに、チリ産でもオーストラリア産でもいいですから、白ワインも買って、冷蔵庫に冷やしておいてください。残ったスープにごはんを入れた雑炊は、わが国ならではのスペシャリテです。

鮮度のいい日本の魚で作るブイヤベースは、煮すぎ厳禁。左上のルイユと呼ばれるソースは、
市販のマヨネーズ+粉パプリカ+おろしニンニクを混ぜるだけ。バゲットに塗ってどうぞ。

やわらかくてジューシー「鶏もも肉の白ワインソテー」

安価な食材を本格フレンチに変える白ワインの魔法

世界的な健康志向で、牛肉や羊肉より低カロリーの鶏肉の消費量が急上昇。飼育期間が短く、飼料も少なくてすむ鶏は、これからますます需要が増えることでしょう。鶏肉は低カロリーでも、プリン体が多いと警鐘を鳴らす方もおられますが、そんなこと気にしていたら食べるものがなくなってしまいます。

それに、わが国の生産者さんの研究熱心さは世界一で、産地別の銘柄鶏が続々登場。手をかけずに、そのまま焼いていただくときにブランド鶏肉を奮発します。鶏肉だけでなく、いい食材は手をかけないにかぎります。

フランスの伝統料理に、コッコー・ヴァンというのがあります。2kg以上の雄鶏を赤ワインで煮る、ブルゴーニュ地方の料理です。ここでは白ワインを使った、やわらかくてジューシーな若鶏の白ワインソテーで、おしゃれな食卓を演出してみましょう。

ご用意いただくのは、どこのスーパーにもある骨なしの皮つき鶏もも肉。焼くための植物油と塩少々。鶏肉300gに50㎖の割合で、白ワインをご用意ください。ワインの産地や銘柄はまったくこだわりませんし、ましてや高価なワインである必要はありません。

一般家庭でもソースが命のフランス料理

フランス料理は、ソースが命といわれます。ドミグラス、ベシャメルなど手の込んだソースがたくさんありますが、それはレストランやビストロでいただく料理。一般の家庭料理では、フライパンで肉を焼いたときにでた焼き汁に、ワインやマスタードを加えて即席のソースを作ります。

フランス人と暮らしている日本人女性が、夫や恋人に初めて叱られることの筆頭に、ソースがらみのケースがよくあります。肉や魚を焼いたフライパンは、なるべく早く洗ったほうがいいと、日本人なら思いますよね。早く洗えば汚れも早く落ちますから。そう思って、お肉を焼いたフライパンを手早く洗ったとたん、ご主人や恋人の罵声が彼女の頭上に雷のように落ちてくることになります。

「なんでフライパンを洗っちゃったの！　おいしいソースを洗っちゃうなんて、ヒドイよ！」

叱られた理由がわからないで、しどろもどろの日本人女性がお気の毒。それがフランス人の食習慣と言ってしまえばそれまでですが、フランス人にとってソースがそれほど大切なのだと、女性は思い知ることでしょう。

話を鶏肉の白ワインソテーに戻して、調理のプロセスに移ります。鶏肉は食べやすいサイズにカットして、油をひいたフライパンで皮側を初めに焼き、裏返して両面をこんがり焼きます。全体に色が回ったところで、強火にして白ワインと塩をふりかけ、まんべんなく味がしみ込むように勢いよくフライパンを回します。アルコールが気化して、ガスの火を呼ぶことがありますが、プロになったつもりで驚かないでください。明るい飴状になったソースにからまった、鶏肉の白ワインソテーの完成です。

つけ合わせには、北アフリカ一帯で親しまれている、粟《あわ》のように細かいクスクスがおすすめです。作り方はとても簡単。鍋にクスクスと同量の湯を沸騰させ、そこにクスクスと塩少々を入れて、再度沸騰したらふたをして火を止めてできあがりです。彩と味はお好みですが、ここではパセリと赤ピーマンのみじん切りを加えました。

熱々のクスクスをこんもり盛って、ソテーした鶏肉を、ソースの最後の一滴まで残すことなくお皿に移してください。クスクスのちょっと頼りない食感とシャキッとした鶏肉の、抜群の相性をお楽しみください。

両面がこんがり焼けたところで、白ワインをふりかけて強火で調味。つけ合わせをクスクスにすることで、新感覚のひと皿に。クスクスは箱裏に記された作り方に従ってください。

作り置きもできる、単品野菜の前菜3種

不慣れなパリで、ガラス越しに眺めたお惣菜の数々

パリで暮らし始めたころ、お惣菜屋さんに並んだ料理が、私の教科書でした。シャルキュトリーと呼ばれる、ハムやソーセージなどの豚肉加工品を専門に扱うお店です。パン粉をつけて揚げたカツレツや生のハンバーグなどの肉類といっしょに、つけ合わせや前菜のサラダが売られていました。マルシェと呼ばれる市場や商店街に一軒はかならずあって、看板にかわいい豚の絵が描いてあったりします。

シャルキュトリーに並んだ料理を夢中で眺めたといっても、店内でのことではありません。入ったら買わなくてはなりませんから、もっぱらガラス越しに外から料理やサラダを眺めたものです。そしてお財布に余裕があるときに一大決心して、いつも眺めてはどんな味なのかしらと想像していたお惣菜を、100gずつ順番に買って味見したものです。なにしろ通貨がユーロに切り替わるずっと前のことで、1フランが70円以上した時代でした。

それでも無知なりに、おいしいお惣菜があるお店を本能的に嗅ぎ分けていたようで、仕事

が増えて生活に困らなくなってから、パリに不慣れな私の目を楽しませてくれたシャルキュトリーの常連になりました。今でもパリに行くたびに立ち寄るそのお店は、お惣菜をじっと眺めているだけだったあのころを思い出す、いつまでも大切にしたい場所です。

準備するのは長ネギとキュウリとニンジン

じっくり眺めて、数々のお惣菜を試食するうちに私は、あることに気がついたのでした。「そうか、この国では野菜の単品サラダが前菜になるんだ」と。やがてパリで生まれた娘が3歳近くになり、幼稚園に通うようになりました。幼稚園の玄関に貼り出された給食の献立表を、食い入るように眺めたものです。それは私がシャルキュトリーで学んだとおりで、毎日の前菜にかならず単品野菜のサラダ名が記されていたのでした。

ここに挙げた3種の前菜は、フランスのビストロ料理を代表する単品野菜の前菜です。野菜一種類で作れるので、まちがいなく経済的ではありますが、それ以上に野菜本来のおいしさがみなぎっていて、作るのも簡単です。お店で売っているぐらいですから、作り置きができてとても便利。ぜひみなさんも作って、仲間に食べさせてあげてください。

◎サラダ・コンコンブル（キュウリのサラダ）

フランスのキュウリは、直径4㎝もあるジャンボサイズです。大味でみずみずしいですが、皮がかたいので、ピーラーで皮をむいて食します。日本のキュウリは皮ごといけますが、フランス式に皮をむきましょう。そして断面がフランスサイズに近くなるように、工夫してカットしてください。パセリとニンニクのみじん切りと、自家製ドレッシングを加えます。

◎キャロット・ラペ（ニンジンの千切り）

最近は日本のビストロでも定番になった一品。ケッパーなどを混ぜる人もいますが、給食にならってコショウも何も加えないほうが好きです。フードプロセッサーは便利ですが、スライサーのほうが洗い物が少なくてラク。薄くスライスしたニンジンを重ねて千切りにすると、あっという間に山盛りのサラダができます。自家製ドレッシングで和えればできあがり。

◎ホワイトアスパラ風長ネギ

「貧乏人のアスパラガス」の異名があるほど、ホワイトアスパラガスそっくりな優れものです。長ネギの白い部分を、お持ちのミート皿のサイズに合わせて切って、くたくたになるまでゆでます。ゆであがった長ネギをお皿の上で整列させて、ドレッシングかマヨネーズでどうぞ。マスタードをドレッシングに混ぜてソースを作れば、さらにフランス風になります。

食卓ナイフを使わないときは、包丁で縦か横に食べやすい大きさに切ってください。ここではフランス風にしましたが、柚子味噌ソースでも抜群。生うどでも同じように応用できます。

サラダ・コンコンブルとキャロット・ラペは、空き瓶にぎっしり詰めてふたをすれば、ちょっとしたプレゼントにもなります。

フランス式にドレッシングは自家製。100円ショップにある、よく振れる容器がおすすめ。フランス製のお酢は酸っぱすぎるので、私は手抜きですし酢を使用。サラダ油と半々にしてよく混ぜます。

冷凍パイ生地とフライパンひとつで作る「キッシュ」

冷凍保存もできる心強いお惣菜

「甘いお菓子のタルトならわかるけど、キッシュってなあに？」というご質問にひと言でお答えしますと、食事代わりになる塩味のタルトのことです。カフェやビストロのメニューにもなっておりますが、最近ではパン屋さんやお菓子屋さん、デパ地下のお惣菜コーナーにもお目見えし、買って帰ってレンジでチンすれば、できたての味がいただけます。冷凍保存もできるので、急なお客さまのときのお助けマンとして、心強い一品です。

もともとキッシュは16世紀、北フランスのロレーヌ地方で考案されました。チーズとベーコンの定番が「キッシュ・ロレーヌ」と呼ばれているのは、生誕地に敬意を払ってのこと。全国に流布して、さまざまな食材で応用されたキッシュは、フランス人の国民食です。日本人にはあまりなじみがないだけに、キッシュがすごくおしゃれな食べ物のような気がいたしますが、作り方はとてもシンプル。「自分でキッシュが作れたら」と心ひそかにお望みなら、私が編み出した簡単な作り方で、ぜひトライしてみてください。

焼き菓子屋を経営していた時期のある朝、こんなことがございました。毎朝、店に到着してすぐに私は、キッシュを焼いておりました。ホウレン草のキッシュを作っている最中に、予告なしに厨房に入っていらした、フレンチのシェフである友人が半ばあきれて、こうおっしゃったのでした。

「ヨウコさん、フライパンひとつでキッシュ作っちゃうんだ⁉」

キッシュのお皿部分になる肝心のパイ生地については後述いたしますが、焼きあがった熱々のキッシュをほおばったシェフに、「うまい、フランスの味だね」と言われたときは、正直、うれしかったです。

フライパンに具の材料を次々と入れるだけ

店をやっていたときは、パイ生地をミキサーでまとめて捏《こ》ねて、1台ずつ丸めて冷蔵保存しておりました。そして店の帰りがけに、翌朝に焼く分を伸ばしてタルト型に敷き詰め、素焼きをしておくのが私の日課でした。お菓子のタルトもキッシュも、焼き型は共用です。

いま思うとぜいたくですが、店ではバターしか使いませんでした。でも、みなさんがご自宅でお作りになるときには、手のかからない市販のパイ生地をおすすめします。

タルト型がなかったら、どんな耐熱容器でもＯＫ。私は素焼き派ですが、あえて小麦粉らしさが残る食感を楽しみたい方は、素焼きをせずに生地の上に具を流し込んでください。

それでは次に先ほどのシェフを驚かせた、フライパンひとつでできるキッシュの具の作り方をご説明しましょう。ここではホウレン草を使いますが、長ネギでもナスでもキノコでも、応用自在です。材料は18㎝サイズの型の場合、ベーコンと野菜適量とサラダ油、小麦粉１００gに生クリーム２００㎖(牛乳でも可)と卵６個。調味料に私はコンソメを使いますが、塩だけでもＯＫ。そうでした、キッシュを作るときは耐熱のゴムべらが威力を発揮します。

まず、大きく深いフライパンに多めのサラダ油を熱し、中火で刻んだベーコンを炒めます。その中にゆでて適当に切ったホウレン草を入れてかき混ぜ、その上に小麦粉を手早くふり入れて、ゴムべらでよくかき混ぜます。小麦粉に均一に火が通った段階でバシャと生クリームを加えて、火の上でかくはんしているうちに、フライパンの中身がベシャメル状になりますから、コンソメか塩で調味し、火から下ろしてください。

最後にフライパンの具の中に、卵を次々に割り入れて、よくかき混ぜます。それをパイ生地に流し込み、２００度のオーブンでこんがり焼き色がつくまで焼いて完成。それぞれの分量は、タルト型の大きさに合わせて調整してくださいね。

生クリームが多いとレアな感じに仕上がり、小麦粉が多いとボリュームが出て、お食事代わりになります。週末のブランチやお友達を誘ってのランチに、ぜひお試しください。

食べきりサイズに作る「タルト・タタン」

リンゴを裏返したフランスの名物菓子

地方の料理やお菓子は、シンプルが信条です。その中でもリンゴの裏返しパイのタルト・タタンは、その見本のようなものです。飽きのこない味とお菓子の醸し出す情緒が、なんとも言えずいいですね。

タタンというのはそのお菓子を発明した、村で評判の働き者の姉妹の苗字。じつは彼女たちは、無類のおっちょこちょいだったのです。時は19世紀、フランス最長のロワール川にほど近い、聖女ジャンヌ・ダルクで知られるオルレアンの南にある村に、タタン家経営の旅籠《はたご》がありました。

そのころのフランス人は今と違って、一日三度の食事のウエートはだんぜん昼食が大きかったのです。タタン姉妹が切り盛りする旅籠の食堂も、お昼を食べにくる人々で大にぎわい。どちらが年上だかわからないのですが、調理をステファニーが、接客をカロリーヌが担当しておりました。そんなある日、ランチタイムもピークに入ったころになってステファニーが、こんな頓狂《とんきょう》な声を上げたのでした。

「あら、私ってバカね。タルト生地を下に敷かないで、リンゴを並べてしまったわ。どうしようかしら」

ステファニーが立っている調理台には、ぎっしりリンゴが詰まったタルト型が置いてありました。外見からでは、リンゴの下にパイ生地が敷かれていないことはわかりませんが、作った本人が言っているのですからほんとうでしょう。すると厨房に入ってきたカロリーヌが、あっけらかんと、こう言ってのけたのでした。

「大丈夫よ。リンゴの下に生地を敷き忘れたんなら、生地を上にかぶせればいいじゃない。上にかぶせてひっくり返せば、同じことだわ」

それが、世にその名をとどろかせるタルト・タタンが生まれた瞬間でした。

「失敗は成功の母」の格言どおりに、タタン姉妹が思いついたリンゴの裏返しパイはタルト・タタンと呼ばれ、やがてフランスの名物菓子になったのでした。

オリジナルは作りやすい食べきりサイズ

毎年、秋が深まるころになると、タルト・タタンを作りたくなります。大きなリンゴのフジなら4分の1、小さな紅玉なら半分に切ってください。

タルト・タタンの作り方を講釈するとき、ただでさえ自慢屋の私の鼻がさらに高くなります。自画自賛になりますが私が、おひとり食べきりサイズのミニ・タタンを思いついたからです。

大きなタルト型にリンゴをぎっしり並べたタルト・タタンの迫力にはかないませんが、フジで作るミニ・タタンも出色のできです。フジですと、1個のリンゴでミニ・タタンが2つできます。冷凍のパイ生地を耐熱容器の大きさにくり抜き、オーブンで焼いておいてください。

まず、カットしたリンゴを固ゆでしてください。リンゴからかなり汁が出ますから、ゆでるときの水は誘い水程度で。次に鍋でもフライパンでも、どちらでもいいですが、砂糖を焦がしてキャラメルを作ります。やけどにさえ気をつければ、難しいことは何もありません。

焦げて飴色になったキャラメルソースに、ゆでたリンゴを加えてソースをからめ、大胆にシナモンパウダーを加えてください。ジュジュジュとキャラメルの香りがキッチンに充満して、ひとかどのパティシエールになった気分になります。

ジュジュジュの数秒後には固まりかけていたキャラメルがリンゴの煮汁に溶けて、いい塩《あん》梅《ばい》になりますから、容器に移してパイ生地をかぶせて完成です。

タルト・タタンを電子レンジでほんのり温めて、アイスクリームを添えるとおしゃれ。ここではピスタチオペーストを混ぜましたが、市販のバニラアイスにシナモンを混ぜても美味。

上にかぶせるパイ生地と下のリンゴを別々に冷凍しておけば、いつでもタルト・タタンが召し上がれるという裏技も。リンゴが余ったときに仕込んでおける、私のオリジナルです。

4種の材料を等量で作る焼き菓子「カトル・カール」

久しぶりのお菓子作りは本場のレシピで

生涯学習は、「絵手紙」や「万葉集」ばかりではありません。調理や製菓こそ、日々の暮らしをより豊かにするヒントに、あふれております。

夫に喜んでもらうためとか、子どもに食べさせるためとか、だれかのために料理を作る時代は終わりました。これから大切にしたいのは、自分の気持ち。いつも心がわくわくするような、好奇心が刺激されるようなことがしたいですよね。

なんのためにとか、なんの役に立つのかなどと気をまわすのはやめて、欲するがままに興味があるものやことに飛びつきましょう。

そこでもう一度、久しく遠ざかっていた、お菓子作りをしてみませんか？　それも初心に返って、フランス人がよく作る焼き菓子の「カトル・カール」がどんなものか、本場フランスのレシピで試してみましょう。

材料は、私が製菓の４大素材と断言する、バターと砂糖と卵と小麦粉だけ。失礼しました、私はこれにひとつまみの食塩とベーキングパウダーを小麦粉の量の約2％（目安）入れます。なお、バターの代わりとしてマーガリンやサラダ油を使用しても作れます。

ボウルと泡だて器と、ケーキ型をご用意ください。子どもが小さいとき使った焼き型があったはずだけれど、どこかにいっちゃったわとおっしゃる方は、どんな形でもいいので耐熱容器をご用意ください。100円ショップにある、アルミのマフィン型でもいいですよ。グラタン皿なら、底の形に合わせてカットしたクッキングペーパーを敷いておいてください。

カトル・カールという名前のそもそもの由来は単純で、カトル「quatre」が「4」で、カール「quart」が「4分の1」のことです。そうです、アン・ドゥ・トロワ・カトルのカトルで、4種類の材料を等量で作るシンプルなお菓子です。

ドライフルーツやラムを利かせた応用編も

素朴さが取り柄の焼き菓子ですから、カトル・カールを作るときには、卵白を泡だてません。バターは代用品でもかまいませんから、4種類の材料が同量になるように計ってください。混ぜる順番は、バターに砂糖を加えて泡だて器でペースト状になるまで混ぜ、そこにポチョンポチョンと卵を落とし、さらに混ぜます。そのときに食塩をひとつまみ加えてよく混ぜ、ベーキングパウダーを加えた小麦粉を少しずつふり入れてください。

卵の白身と黄身を分けて卵白を泡だてますと、ふんわりデリケートな生地に焼き上がりますが、あえて全卵で泡だてることで、焼きあがりに素朴さを出すのがフランス人好みかもしれません。

カトル・カールのことを、私はアルファベットの頭文字だけ取って「QQ」と呼びます。QQと紅茶やコーヒーでおやつにしますと、つくづくシンプル・イズ・ベストを実感して安堵いたします。そして、お菓子作りってこれでいいんだ、などとプチ哲学にいたるのでした。

それにQQがちゃんと作れれば、ほかにアレンジが利きます。オーブンから出したてのQQにラム酒をたっぷり含ませれば、高級感あふれるラムケーキに変身。ラム酒を吸って、日に日においしくなりますから、ケーキ作りが倍楽しめます。

そして次に作られるときは、生地にナッツやドライフルーツを刻んで加えてもいいですね。これからは自分のためにといいながら矛盾しますが、これひとつでお友達のお誕生日プレゼントにも手土産にも、困らなくなります。まわりの方が、せっかくだからあなたのお得意なQQが食べたいと思ってくださることでしょう。

バター1箱が200gなので、他の3種類も200gずつが作りやすいです。卵は厳密に計らないでだいたいでOK。小麦粉も気持ち多めにしてください。17cmのパウンド型で4本は作れます。

14種の個性が詰まった「愛しのクッキー缶」

50代半ばで洋菓子店を開店

店を始めたときに友人たちに、年がいもないとあきれられました。

「ふつうならもうすぐ定年の年になるのに、何考えているの?」と言われて初めて、人生が短いことを思い知りました。すでにあの時点で50代の半ば近くになっていたので、今にして思うと世間的には無謀だったかもしれません。

私たちのような自由業は定年退職がないので、年のとり方を知らないんです。そんな私を、行動力があると言ってくださった方もいらっしゃいましたが、そうではなくて、おっちょこちょいなだけです。

〝Nothing comes from nothing〟、何もないところからは、何も始まりませんもの。『サウンド・オブ・ミュージック』でジュリー・アンドリュースが歌うその歌が大好きで、パリ時代もことあるごとにNothing……と心の中で唱えました。ですから「ジョルジュ・サンド」という、フランスの女流作家でショパンの恋人だった女性の名前をつけた焼き菓子店を始めたときも、その言葉に背中を押されたようなものです。

店の1階の厨房の調理台で、小麦粉とバターと砂糖を混ぜて作った生地を、万感の思いを込めて捏ねました。疲れるとか、経営面のことなどは、自業自得という四文字熟語に丸め込んであきらめました。店は8年で閉めましたが、ご褒美として最後に残ったのが、このかわいいクッキーがぎっしり詰まった「クッキー缶」への思いでした。

おかげさまで、この「クッキー缶」は、作るに追いつかない数のお客さまがついてくださいました。深夜遅くまで、クッキーを黙々と作っていた記憶が今でもよみがえります。

送っても壊れない、長もちしておいしい夢のクッキー

今回、その幻になってしまった14種類のクッキーを久しぶりに作りました。しばらく作っていなかったので、腕が落ちているのではないかと思いましたが大丈夫でした。愛しのクッキーたちを擬人化して、「お久しぶりね、お元気でしたか?」と、やはり深夜に、自宅のキッチンで語りかけている私がおりました。

14人14色ですが、それぞれのクッキーがパンチの利いた個性の持ち主なんです。仕上げに際して心がけたのが、食べ手が口に入れて、すぐにわかる味にすることでした。チョコレー

トはチョコレートらしく、アーモンドはゴロンと炒りたてを1粒。緑色の葉にはペースト、5弁の花の芯には超大粒の天然のピスタチオを使いました。レモン、シナモンも、ピールとペーストのオレンジも、香りと味にこだわりました。クッキー生地のゴマつなぎ、フランスの郷土菓子ガレットブルトンのミニ版のバター風味も生きています。コスメより高価なイチゴパウダーをふんだんに使ったピンクのイチゴボールと、紅茶のアールグレイの葉を粉砕して丸めた石ころも絶品。コショウとパルメザンチーズの塩辛2種類は、多数決で甘党に押されながらも健闘しています。

　数年前、まだ店をやっているときに1週間お休みをいただいて、パリに行ったことがありました。そのときにフランス人の友人へのお土産に、このクッキー缶を持参しました。差し上げたひとりで、グルメ評論家の親友が缶を開けたとたんに言った、この言葉に虚を衝《つ》かれた気がしたものです。

「フォーミターブル、ものすごく日本的よね」

　そうかもしれません、簡単にいって作業が細かいですから。いずれにいたしましても、宅配便で送っても壊れず、品質が劣化しない「ジョルジュ・サンド」のクッキー缶は、どこに出しても恥ずかしくない、私の自慢の一品です。

チョコハート

アーモンド

ピスタチオリーフ

ピスタチオ

レモン

シナモン

オレンジピール

オレンジキューブ

セサム

ガレットブルトン

イチゴボール

アールグレイ

ペッパーストロング

パルメザン

塩味以外の生地は、バター：砂糖：小麦粉が1：1：3に水代わりの卵と塩微量。ただし甘い12種類にはそれぞれ別の個性的な材料を練り込むので、この分量はあくまでも基本。

余ったパンが絶品おやつに変身！「バゲット・オ・ショコラ」

30年前の出来事を、昨日のことのように語る私

先日訪れたナントというフランスの地方都市を歩いているときのことでした。ナントはフランス最長の、ロワール川の河口の町です。亡くなって20年たった今も、わが国に熱狂的なファンがいるシャンソン歌手のバルバラが歌う、「ナントに雨が降る」という有名な歌があります。ナントはまた、SF小説の元祖で、『十五少年漂流記』を書いたジュール・ヴェルヌ生誕の地でもあります。

町の説明が長くなりましたが、ナントの町をひとりで歩いていて、午後4時半の子どもたちの下校時間に遭遇しました。すると、どうでしょう。子どもたちがかぶりついているおやつが、30年前のそれと、ちっとも変わっていないではありませんか。

何人もの子どもが母親から、バゲットをもらって食べていました。「子どもたちが手にしているバゲットには、きっとチョコレートが挟んであるんだわ」と、私はひとり合点して彼らの姿を目を細めて眺めておりました。

フランスの子どもたちは、小学生も中学生も、義務教育の生徒の下校時間は同じで、午後の4時半。幼稚園は義務教育にはなっておりませんが、入園率は義務教育といえるほど高く、保育園を兼ねております。逆にいうとわが国でいう保育園というのがなく、その年の12月の末までに3歳になる子どもは託児所が終わると、自動的に幼稚園に進みます。

10歳までは子どもの送り迎えが、保護者にほぼ義務づけられております。ですから終業のベルが鳴って校門から出てくる子どもたちを、シッターさんや母親たちが出迎えます。彼女たちはおのおのの手に、自分の子ども用のおやつを持って待っているわけです。一般的に送り迎えがなく、食べながらの下校もご法度なわが国とは、事情がだいぶ違いますね。

板チョコを挟むだけ、なのにとってもおいしい

拙著をお読みくださっている方は、またあれかとお思いになられるでしょうが、ちょっとがまんしてください。いまさら30年前の娘の話も照れますが、彼女がパリの幼稚園に通い始めてしばらくしたころでした。午後の4時半に、パン屋さんで買ったパン・オ・ショコラを持って、いつものように幼稚園の玄関で、クラスの仲間たちと出てくる娘を待っていたときのことでした。

私の姿を認めて、娘が私のもとに走って来たまではよかったのですが、次が問題でした。私が手に持っていたパン・オ・ショコラの包みを指して、彼女がほかの誰にも通じない日本語で、こういって駄々をこねたのでした。

「食べたかったおやつは、これじゃないの。隣りのあの子のママが持ってきた、バゲットがいいの」

そこで私は、彼女といっしょに出てきた友達が母親からもらって食べていたバゲットを見ました。なんとそこには、板チョコが挟んであるではありませんか。そのときの娘はおなかが空いておりましたから、しぶしぶパン・オ・ショコラを食べましたが、帰り道になじみのパン屋さんに立ち寄ったのは、いうまでもございません。自宅に戻るや否や私たちは、さっそく幼稚園の玄関で見たばかりの、バゲット・オ・ショコラに挑戦。

ほんの10㎝ほどのバゲットを縦に裂いて、板チョコをパキッと割って間に挟んだそれの、なんとおいしかったことでしょう。以来、日本に帰ってからもバゲットが残ると、よくこれを作ります。チョコレートの甘みとバゲットの塩味が口の中で溶けて、パリ時代のあの日の記憶とないまぜになって、宝物のような絶妙な味を醸し出すのでした。

バゲットが余るのを待たないで、バゲット・オ・ショコラを作るためだけにバゲットを買っても報われる感動の逸品。ブラックでもミルクでも、チョコレートは安いものでOKです。

パリで覚えたもうひとつのバゲット応用編に、フランス版ホット・ドッグのシアン・ショーがあります。シアンが犬で、ショーは熱いを意味しますから、英語と同じですね。

たまには気分を変えて「プチ・デジュネ」

おしゃれなフランス式の朝食もよく見れば質素

ヨーロッパの朝食には、英国式とコンチネンタル式の2種類があります。前者は19世紀、ヴィクトリア女王の時代に広まりました。女王が好んだ遅めのたっぷりした朝食が、上流階級に広まったそうです。

英国式朝食の中身は、シリアル、カリカリに焼いたベーコンやハム、ソーセージと卵料理。パンにバターにジャムとコーヒーか紅茶とジュースなど。作家のサマセット・モームの「イギリスでおいしい食事がしたかったら、日に3回、朝食をとればいい」という言葉は、言い得て妙です。

英国式とは反対にコンチネンタル式は、いたって質素です。加熱調理したものはほとんどなく、パンにバターとジャム、オレンジジュースとカフェ・オ・レか紅茶といったところでしょうか。ホテルならスクランブル・エッグや目玉焼きなど、卵料理が欲しければ単品で追加注文。サマセット・モームとは反対に、フランス人ならデジュネ（昼食）がおいしく食べられるように、朝食はセーブしておけということでしょう。
バカンス大好き人間のフランス人は、週末にプチ・バカンスを満喫。金曜の晩は遅くまで週末の前夜祭をして、明けた土曜は朝食から気分を完全にオフに切り替えます。なにしろ彼らにとって、生活は愉しむためにあるのですもの。その手始めにパパたちは、体内時計どおりに起きて騒ぐ子どもたちを連れて、近くのパン屋さんにクロワッサンとバゲットを買いに急ぎます。共働きで疲れているママには少しでも長く眠ってもらって、いつまでも美しさを保ってもらおうという、男性の心遣いでもあります。

前夜に残ったバゲットか、冷凍保存してあったバゲットを火であぶって、バターとコンフィチュールをのせる平日の朝食と違って、焼きたてのバゲットとクロワッサンがある週末の朝食は、人々の幸福指数を格段に上げます。

バゲットを冷凍保存するときに彼らは、ラップやビニール袋に包まず、そのまま冷凍庫に保存。これについては、女性が外で仕事をしていなかったお姑さん世代と、私たちあたりの共働き世代の間には溝があります。冷凍バゲットを息子に食べさせる嫁を白い目で見る姑に対して、嫁たちは「お義母さま、時代が違いますわ！」とぴしゃり。冷凍でも残り物でも、プチ・デジュネの習慣がおざなりにされないのはすばらしいですね。

カフェ・オ・レは熱々のコーヒーに冷たい牛乳を注いで

フランス式の朝食について申し上げる前に、私は、炊きたての白いごはんと味噌汁、卵と漬物だけで成り立つ日本の朝ごはんは、ひいき目ではなく最高だと思っています。注目の発酵食品の味噌も優秀ですが、日本のお米は自他ともに認める断トツの世界一。作り手さんたちの、飽くなき研鑽《けんさん》の賜物にちがいありません。加えて、頭脳明晰な炊飯器がありますから、非の打ちどころがありません。日本の朝ごはんに比べたらプチ・デジュネなど、いかほどのものでしょう。とはいえ大雑把ではありますが、テーブルのまわりの空気が変わる気がします。それでは、このうえなく質素なプチ・デジュネの仕度に取りかかりましょう。

まず、15㎝ほどに切ったバゲットを縦に裂いてバター、お気に入りのジャムを厚めに塗れば、タルティーヌができあがります。せっかくですからジャムを、コンフィチュールと呼びましょう。次に紙パックのジュースをコップに注いで、肝心のカフェ・オ・レを作りましょう。コーヒーの質は問わず、インスタントでもＯＫ。熱々のコーヒーをカフェ・オ・レのボウルに入れて、冷たい牛乳をたっぷり加えます。

コーヒーとタルティーヌを交互に口に運ぶと、質素で骨太なフランス人気質がわかる気がするから不思議です。ちょっと気分を変えたい朝に、ぜひどうぞ。

カフェなどの朝食セットには、これにジュースがつきます。ジュースが好きではない私は、むしろコンフィチュールに凝ります。この日は信州の友人の庭で採れたハックルベリーです。

材料はご近所で、できるだけ新鮮な食材を調達

フランスでは市場のマルシェが大活躍

以前は毎日作っていましたが、この数年で料理を作る回数は確実に減りました。でも、その分、作るときの意気込みが昔とは違います。いまさらながら料理は、食べてくれる人あってのものだと実感。だからこそ、お客さまを招く日がわくわく待たれて、おのずと調理に力が入ります。

結果的に私の場合、365日の食事にメリハリをつけているから、ごはん作りが苦にならないです。そういえばフランス人がそうで、彼らのだれもが異口同音に、こう言うのを私は耳にタコができるほど聞きました。

「どんなにごちそうでも、毎日食べたら飽きますよ。おいしいものは、たまに食べるからおいしいんですから」

グルメの国のはずなのに、フランス人の平日の食事はとても質素です。前菜とメインとデザートというとれっきとしたディナーのようですが、とんでもない。デザートは市販品のヨ

ーグルトに、スプーンを突っ込んで食べます。だから、なおさら仲間を招いてごちそうを食べる週末を、首を長くして待つわけですね。

20年間のパリ生活で私も、マルシェと呼ばれる市場によく通いました。マルシェというとおしゃれですが、青空市でも常設市でもマルシェの主役は生鮮食品です。常設市ですと月曜以外は毎日開いていますが、午後の1時から4時ごろまでは休業。青空市は曜日によって開催日が決まっていて、どこもせいぜい午後の1時までです。

パリの女性たちは、子どもが何人いてもフルタイムで働いていますから、買い物も週末にまとめ買い。トイレットペーパーや洗剤などは、市場ではなくスーパーマーケットで買います。時間に追い立てられている友人たちと違ってフリーランスの私は、忙しさが日によって違いました。夜はだいたい原稿書きをしていましたが、ヒマな昼間は大きな魚屋さんがあるマルシェや、生鮮食品がものすごく安いところなどいろいろなマルシェを探訪しました。

今でもパリを訪れるたびに、私たち家族が長く住んでいたアパルトマン近くにある、ムフタール市場に自然と足が向いてしまいます。石畳の坂道に並んだ商店の中には別のお店になったところもございますが、世代が交代しただけの家族経営のお店がたくさんあります。マルシェはエトランゼの私にとって、貴重なコミュニケーションの場でもありました。

小売店と小型スーパーの利点をフル活用

私が暮らしている東京の神楽坂は、「江戸情緒あふれる」とか「小京都」と形容されております。昼間は町歩きの人たち、夜は飲食街としてにぎわっているわりに、生活圏としても機能している稀有な町です。ちょっと路地を入ると八百屋さんとお豆腐屋さんがあって、どちらもお客さまは、主に地元で長く商売をされている飲食店のご主人たち。

ご常連の食通をうならせるプロが相手のお店には、作り映えのする野菜の品ぞろえが豊富で、私にとっても願ったり叶ったり。つきだしサイズに一つひとつ手で丸めたがんもどきや、絹ごし豆腐より滑らかでしっかりした木綿豆腐が冷蔵庫にあれば、不意のお客さまにも十分お出しできます。

坂を上がりきったところに、配達をしてくれるスーパーが2軒あります。小型店しかないのが幸いして、私はどちらのお店とも仲良し。おかげで、おもてなし料理用の仕入れに、自由がききます。

塊のままのお肉とか、店頭に並んでいない野菜でも、数日前に頼んでおくと手に入ります。八百屋さんにお願いするにしても、青物市場で仕入れられる最小単位を買うのがエチケットですね。

日本の大豆だけで作る「勝野」さんの木綿豆腐が絶品。おまけに特大なのに1丁170円とは、安すぎます。「ごめん、今日は売り切れ」と言われて、その日が金曜だと気づくんです。

神楽坂という場所柄、有名飲食店のニーズに応える珍しい野菜がそろう「平井」さん。

前回のパリ旅行で、金融機関が集中している地域の広場に立つ青空市をのぞいてみました。とくにパリ地区では、有機野菜やBIOをうたっている生鮮食品のお店が増えました。

使いやすくて便利な、選りすぐりの台所道具

何事にも柔軟な発想が素人の強み

上下関係やしがらみがあるプロの世界と違って、素人の私は台所の主役です。調理器具の正式な名称も知らないまま、道具選びも自己流。ここに挙げた道具は使い勝手がよくて、料理を上手に仕上げるための心強いお助けマンです。

◆ゴムべら　シリコン製で耐熱なので、高温調理でも安心して使えます。鍋やフライパン、ボウルに残ったソースの最後の一滴まで舐《ねぶ》ってくれる優等生。本来は木べらと使い分けると長もちするのはわかっていますが、ついつい手が出てしまうキッチンの相棒です。

◆波刃ナイフ（小型）　大型のものはパン切り包丁として使っておりましたが、小型のタイプは切った断面がものすごくきれいで感動ものです。とくにレモンの皮を薄く切るときなどに、威力を発揮します。

◆ミニべら　お好み焼きべらと、もんじゃべら。これを細かなクッキー作りに使っていた私

の手元を見た店のスタッフに、びっくりされたときのことを懐かしく思い出します。道具街で知られる「かっぱ橋」で購入して以来、小さく焼いたパンケーキなどを裏返すのに利用。

◆ミニ泡だて器　小さな片手鍋で卵1個のスクランブル・エッグを作るときや、ほんの少しだけドレッシングやソースが欲しいときに、手早く使える個性派。

◆ステンレスのスケッパー　先がすり減るほど使い込んでいるというのに、ここに書くまで名称を知りませんでした。断面をあえて雑にしたいときは、包丁代わりに重宝します。

◆濃い色の木綿布巾　漂白剤が使える純白の布巾は魅力的ですが、濃い色の布巾はシミがめだたなくていいです。今使っているのは木綿の服地で手作りしました。

◆テーブル拭き専用のスポンジ　パリのスーパーでこれを見つけ、懐かしさを禁じ得ず手が伸びました。このスポンジは食卓テーブルを拭く専用のものなので、いつもキレイに保っておかなくてはいけません。これで食器を洗ってフランス人の姑さんに叱られた日本女性が多いんですよ。吸収性がとてもよく、こぼした水も一瞬できれいに拭き取れます。

◆消毒用のアルコール　「ドーバー　パストリーゼ77」というスプレー。さすがプロはいいものを使っていらっしゃるわと、これを試してみて感心いたしました。私は食器やカトラリーの艶出しに使います。

波刃ナイフ（小型）

ゴムべら

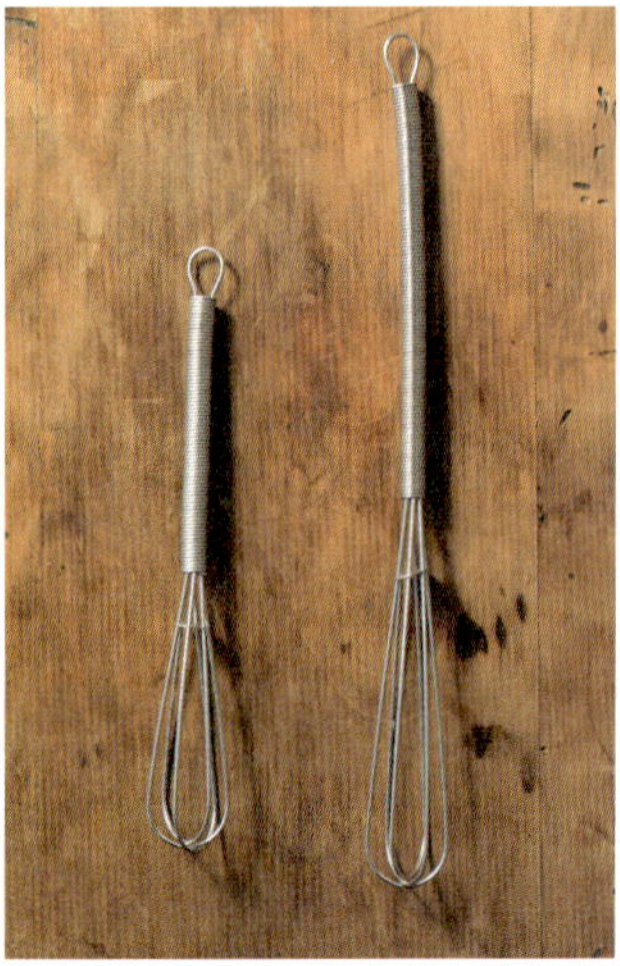

ミニ泡だて器

ミニべら

濃い色の木綿布巾

ステンレスのスケッパー

消毒用のアルコール

テーブル拭き専用のスポンジ

第四章

人生で今がいちばんおもしろい

苦しかった過去を美化しないでください。
若かったころのつらかった思い出を踏み台にして、
やっと手に入れたこれからが、ほんものの暮らし。
人のことも、もののこともわかった今だから、安心よね。

人生はあなたが考えているほど大変ではありません

いまになって、よくこう思います。「もう少し、母とゆっくり話がしたかった」と。それは、私が年をとった証拠かもしれません。

江戸時代や明治時代ではないのですから、私の人生はだれに押しつけられたのでもなく、この私が決めたことです。ですから、自分のしたことに後悔はしません。たまには友人に愚痴を聞いてもらいますが、自らに下す結論は自業自得。友人と別れ際に、「またね！」と笑顔で手を振りながら私は、自分が幸せ者だとつくづく思うのでした。

母の話に戻りますと、戦中派の彼女がどれだけ大変だったかは、想像に難くありません。青春時代は戦争に翻弄され、戦後のドタバタを生き、所帯を持った父は自己破壊型。私たち子どもをよくここまで育て上げたものだと、自分を誉めてやりたい母の気持ちもわかります。戦争のように、自らの意思とは無関係に振り回される以上の悲劇はありません。

「大変だった」と母は申しましたが、じつはちょっと母がうらやましい。日々、やるしかないと居直って、よそ見しないでまっすぐ前を見て生きられた世代だったのではないでしょうか。

「艱難汝《かんなんなんじ》を玉《たま》にす」

新年の書き初めで父が、毎年のように飽きもせず、こう書いたものです。おかげで私のDNAにそれがすり込まれているらしく、酔狂な人生だったかもしれません。勝手気ままにやってまいりましたから、もしかしたら傍の者に迷惑をかけているかも。でも、まだ最後の審判が下されるまで時間がありそうなので、だとしたら、今からでも軌道修正ができるかもしれません。いずれにいたしましても、私の人生、これからが勝負です。

何言ってんだか、こんなことを言うこと自体、やはり私が年をとった証拠ですね。子育てに追われていたころの私には、自分の人生に下される最後の審判について、思いをめぐらす余裕など、ありませんでしたもの。

今、私のまわりに仕事と子育てで、四苦八苦している女性たちが何人もおられます。私たち年長が彼女たちに、「今の大変さが、一生続くわけではないし、どうにか切り抜けられるものよ」と言っても、彼女たちにエールを送ることにはならないでしょうか？

人生、苦しいことばかりだと思っていては、とどのつまり自分が損です。40代以降は、50代も60代も70代も同じ。心の持ち方しだいで、人生が明暗を分かちます。さあ、これからがおもしろい私たちの人生の幕開けです。

家族のすばらしさは、じんわり感じて納得するもの

愛＝家族を最優先するフランス人

愛と家族に対する意識に関して、私はフランス人に完敗だと思いました。彼らのDNAには、「お母さん大好き、家族が大好き」が、すり込まれております。そしてフランス人もイタリア人も、すべての男性はマザコンで当たり前。ついでに申しますと、「お母さん大好き」という子どもたちといっしょになって夫たちは、「妻が大好き」と叫びます。

母親をかぎりなく愛して、家族を尊ぶ彼らに日本人の私は、当てられっぱなしでした。とくにクリスマスは家族大集合のイベントで、子どもたちとプレゼントを車に積んで彼らは、実家に帰ります。そして実家には両親と、家によっては祖父母がおります。

両親が70代ごろまでは、子どもたちはクリスマスに実家に戻ります。親がそれ以上の年になってクリスマスの準備が難儀になったら、こんどは自分たちの家に親と子どもたちを招く番です。カップルだけのクリスマスなど例外もなくはありませんが、クリスマスで家族の絆を再確認といったところでしょうか。

これからは私たちも、勇気を出して家族愛を貫徹しましょう。「私、子どもがいないから、家族について語れません」とか「ウチは孫がいないから、孫については発言権がないのよ」などと、謙虚になる必要はありません。子どもがいない人はいても、世の中に親がいない人はおりません。現在、家族がめんどうだという風潮がわが国に蔓延しておりますが、それはまちがいだと断言します。社会の最小単位の男女のカップルが作る家族に匹敵するほどすばらしい存在が、この世の中にあるでしょうか。家族がいるからがんばれる、家族がいるから勇気が出るのではないでしょうか。

家族のカタチもさまざまで、テレビドラマではないのですから、理想像などありません。友人のフランス人たちの目には、初めは私たちが異常な家族のように映ったことでしょう。というのも、彼らにしてみたら、一年で最大のイベントであるクリスマスに、妻と娘をパリに残して東京に行ってしまう夫を、初めは不審者扱いしたものです。

彼らは母娘ふたりだけでクリスマスを過ごすことに心から同情して、私たちを彼らの実家に連れて行ってくれたのでした。そのおかげで娘と私は、宗教を越えて、さまざまな家族に混ざり、どっぷりフランス式クリスマスを体感。やがて友人たちも、世の中にはいろいろな家族のカタチがあるものだと思ったようです。

これからの円満夫婦、さまざまなカタチ

今、この文章を半ば反省を込めて書いております。どんな反省かと申しますと、夫にもっといろいろなことをしてもらえばよかったと。そして同時に夫とのことを過去形にしないで、これからに託そうと決意する私がおります。

パリ時代の私は、夫と私がふたりして我慢することはないと自分に言い聞かせて、外国生活で厄介な部分はすべて私が背負っていました。たとえば、取得がほぼ不可能だと言われている滞在許可書の更新ですとか税務署関係、工事のこととかアパルトマンの管理組合など、日常の雑事はすべて私の担当。娘の学校もフランス人との社交も当然私のテリトリーでした。

ところが手のかかるめんどうなことも、終わってしまえば経験という貴重な財産になって私の手元に残りました。フランスならではの繁雑さから夫を解放してあげたつもりでしたが、その実、おもしろいことも私がひとり占めしてしまっていたことに気がつきました。苦あれば楽ありというのはほんとうだったのですね。

でも、生涯の伴侶なんですから、遅きに失することはありません。これからの私の課題は、依頼心の強い妻になることです。どうぞみなさんも、大変なことを自分ひとりで抱え込まないで、頼み上手な女になりましょう。そしてこれからも夫婦円満でいきましょう。

ロンドンのベーカー・ストリートにある「シャーロック・ホームズ博物館」で、館の専属カメラマンが撮ってくれた家族写真。

パン屋さんで買ったバゲットを持つ娘と、新年早々に出るガレット・デ・ロワというお菓子を待っている、30代前半の私。

助け合いがあったから両立できた、仕事と子育て

どこまでもリラックスしたフランスの子育て

先日、娘のパリの親友の結婚式に出席しました。家族ぐるみのおつきあいをしていたので、母親の私も日本から参加したのです。久しぶりにフランスらしい、伝統的な結婚式でした。

子育てについて書こうとしている私は、あの日に集まった娘の親友たち若いフランス人カップルのことを思い出しております。新婦と同じ年ですから、女性たちは年齢的にも子育て真っ盛り。なかには子どもをふたり連れているカップルもおりましたが、だれもがなんと伸びやかに自然に、子どもたちと向き合っていたことでしょう。ちなみにフランスでは、結婚式は子ども参加型です。夕方の5時から、延々8時間におよぶパーティーで、ただの一度も子どものぐずる声を聞きませんでした。

子どもたちが騒がないから親たちがイラつかないのか。その反対に、親たちがイラつかないから子どもたちがいい子なのでしょうか。根っから子ども好きな私は、食事の合間に会場を見回して子どもたちを探しました。ちょこちょこ歩き回り、あるいは指をくわえてテーブ

ルにうつ伏している幼子はおりましたが、みんなそろいもそろって、おとなしくしておりました。なぜだろうと考えた末に、こう結論が出ました。親も子もリラックスしているからだと。そしてそれがいちばんだと。

さて、私の仕事机を囲む二面の壁面には、隙間なく写真やメモが貼られています。その中には、久しぶりに披露宴会場で再会した女性たちの幼かったころの写真や、その母親たち、最近でいうママ友たちの写真も混ざっております。

子育て時代の私はママ友たちに、言葉にならないほどお世話になりました。フルタイムで会社に勤めていた彼女たちのほとんどが、子どものお迎えをシッターさんに頼んでいました。私が地方取材でパリを空けると話すと、仲良くしていたママたちが、娘を預かってくれたのでした。といっても、実際にごはんを食べさせ、シャワーを浴びさせ、寝かせてくれたのはそのママたちではなくシッターさんでした。シッターさんと、彼女を雇っていたママ友たち、そしてママたちに信頼されていた娘の協力なくして、現在の私はございません。

今でも壁に貼ってある、娘が私に書いたセピア色に変色した手紙を目にすると、懺悔《ざんげ》の気持ちがわきます。私は娘との約束をたびたび破りました。もちろん、その理由は仕事でした。約束の時間に戻らなかった私に宛てて、娘が眠る前に怒って、拙い日本語で書いた手紙です。

エルメスの店員さんが驚いた、取っ手にはまったビーズ

フランスには家庭科の授業がありません。それでも、中学生くらいの年齢になると、女の子たちの何人かは、手芸を始めます。娘たちがビーズ手芸を始めたのはたしか、12歳ぐらいのときだったと思います。シャトレという、わが国ならさしずめ新宿に相当するにぎやかな町の一角に、「ラ・ドログリー」という手芸の専門店があって、彼女たちのハートを捉えたのでした。革の紐《ひも》に手作りのビー玉を通したり、ガラス玉を刺繍《ししゅう》してポシェットを作るなど、女の子たちはいろいろ工夫して、おしゃれな小物作りを楽しんでおりました。

そんなある日、おもしろいことがございました。吹き出したのはエルメスの店員さんで、笑われたのは私ではありません。私が持っていた、分厚い雑誌や取材の資料でパンパンに膨らんだバーキン。その取っ手にちょこんとはめてあった、おもちゃのようなかわいいビーズ飾りを見た女店員さんの目が点になり、次の瞬間に彼女が「プフーッ！」と笑ったのでした。

あの日、仕事が早く終わったので、日本の友人から頼まれていたケリー・バッグの注文にエルメス本店に立ち寄ったのでした。今はほとんど使うこともありませんが、パリ時代の私が仕事に使っていたバーキンの取っ手の根元で、幼い娘が作ってこっそりつけてくれたビーズの花飾りが、さまざまなことを私に語りかけてくれるのでした。

（左）壁一面に貼ってある、過去を彷彿させてくれる写真や絵に見守られて、キーボードに向かいます。（下）約束破りの私へ幼い娘が、恨み言を書いたセピア色の手紙。

パリ時代、取材仕事に協力して、よく働いてくれたエルメスのバーキン。私が気づかないうちに、娘が取っ手に結わいつけておいてくれた、店員さんを笑わせたビーズ飾り。

大切にしたい、大人になってからの友達

これから末永いおつきあいの、気心の知れた仲間たち

「友達の友達は友達だから……」という歌が、あったような気がいたします。私たちの世代こそ、友達が少なくなる前に仲間をばんばん増やそうではありませんか。現状維持ですと、残念ながら友達の数は減る一方。少数精鋭とも言いますが、知人友人は多くて困ることはありません。友達と呼べる人が、そんなにたくさんいるものではないという意見もありますが、そこかしこに仲良しがいていいではありませんか。同じ地域に住んでいる方に、「いつもお花、きれいですね」と言われるような、通りいっぺんの挨拶に込められた言葉の機微が、人間づきあいというものだと思います。

大人になってからのおつきあいですから、「蔦のからまるチャペルで」で始まる歌にある、学生時代の友達に寄せる懐かしさとは違いますが、近隣に漂う親近感が好きです。この私にですよ、「いつも若いわね」と言ってくださるご近所の年上のお姉さま方を見ていると、年をとることへの不安がまったくわきません。

職業柄、初めは読者さんとして知り合い、親密度を深めている方もいらっしゃいます。よろしかったらぜひ、本書の最終頁にある私のホームページへメールをお送りください。この先を見据えて、友達になる可能性を秘めた知人を開拓いたしましょう。

おたがいの立場を理解して続く、真の友情

住んでいるのが東京・神楽坂の商店街なので、人々の交流も住宅地にはない雰囲気が漂っております。ひとくくりに商店街といっても、一軒一軒で扱っている商品が違えば、売り上げもまったく違います。それぞれが別々のご商売なので、独立という意味のフランス語の、アンデパンダンという言葉がこの町の気風にはふさわしい気がいたします。

私の物書き稼業もよその方からはうかがい知れない仕事ですが、職業の透明度という点からすれば、ほかのみなさんも似たり寄ったり。昨日明日のおつきあいではない信頼感が、神楽坂商店街の強い絆になっております。とはいえ私どもは商店ではないので、みなさんとのおつきあいはあくまでも個人レベル。迷路のように入り組んだ街並みが、商店の方々の性格の懐深さを物語っているようで、おもしろいですよ。

老舗が老舗たるゆえんを体現しているのが、創業170年を超える甘味処の『紀《き》の善《ぜん》』さ

ん。終日、引きも切らないお客さまは、名実ともに神楽坂の人気店です。女将の恵子さんにお聞きする神楽坂昔話は、まるで高視聴率の連続ドラマのように冴えています。お客さまがいらっしゃる町に生まれ育った彼女ならではの気配りに、私は感心させられっぱなしです。

パリ時代に仲良くしていた日本人の友人にも、一種独特の心情がからみます。幼い子どもたちを預けあった、フランス人のママ友たちとの同胞意識とも違います。狭いパリで遠目に眺めて、おたがいに暗黙裏に励みになっていたような、そんな関係でした。

毎回、パリを訪れるたびに立ち寄る「国虎屋《くにとらや》」といううどん屋さんのオーナーの野本さんが、そうした私のパリの日本人仲間のひとりです。今でこそ、日本のアニメ人気が追い風になって和食ブームのパリですが、オペラ座の近くにうどん屋さんができたときは驚きました。初めて看板を見て、「エッ、うどん?」と目を丸くしたときから、四半世紀がたちました。BGMにキース・ジャレットのジャズが流れていて、パリっぽいのに日本人のプライドも忘れていない「国虎屋」の雰囲気が私は好きです。

日本人だから大変なのではなく、フランスでもとくにパリで外国人が商売を成功させるのは並大抵のことではありません。これまでにたくさんのご苦労があったことでしょうが、これからも「がんばってね!」と、野本さんに心からエールを送ります。

日仏ミックスカルチャーを求めて、フランス人のデザイナーやアーティストが集まります。フランス料理を志したという野本さんの「国虎屋」はパリの、UDON発祥の地です。

神楽坂の老舗甘味処「紀の善」の女将の恵子さんは、なんでも言い合える大人になってからの大切な友達。ちなみに私はいつも、豆かんの粒あんダブルを注文します。

頁を開いてかみしめる、あの日、あのときのこと

仕事のすべてが記されている取材ノート

赤、黄、緑、青、紫、紺、橙など、私の部屋の白い壁にカラフルな色彩で艶やかな表紙のノートが並んでおります。どれも取材ノートで、それぞれにタイトルが付されております。「ブルゴーニュ取材　1986年3月4日から11日」という具合にフランス語で、案外ていねいに記されております。ベッドの下にしまってあるノートも加えて測ったら、優に1mは越えそうです。

でもよくまあ、これだけ地方取材に出られたものだと、つくづく感心いたします。その後、東京に戻ってからも、「あのときの、あの人に聞けばわかるかも」という具合に、取材先の記録がデータとして役立ってくれます。

取材ノートは、すべて「クレールフォンテーヌ」というメーカーの80頁のノートですが、初めから計画的に同じノートでそろえたわけではありません。無意識のうちに、ついつい同じものに手が出ただけですが、何かにつけて私は同じものを選ぶ傾向にあるのはたしかです。

小学校から今まで、買う鉛筆も同じですし、消しゴムやボールペンも、浮気はしません。そうですよ、巻きスカートだって、ずっと同じ形と素材で何十枚も縫って着ているのですから。

ノートを開くと、マダム・レジーヌと記されている頁に当たりました。そこには、ジョルジュ・ブラッサンスという、フランス人の誇りのような国民的な人気歌手について、詳しくメモが記されております。

南仏もスペイン寄りのセトーという町に彼の記念館ができたというので、さっそく行ってみた日の記録でした。もちろん事前にアポイントを取ってありましたが、出迎えてくれたレジーヌさんも熱狂的なブラッサンスのファンでした。デビューから、最後のステージになったパリのオランピア劇場の演奏までを網羅した記録映画についても書かれております。

それにいたしましても、今こうして15年以上前の取材ノートの頁を開くと、あの記念館で私の横で記録映画を並んで観ていた白髪のムッシュが、映像に合わせて口ずさんでいた歌声が聴こえてくるようです。

そうでした、ブラッサンスの記念館を訪れた後で、彼の生家にも立ち寄ってみたのでした。急な坂道で振り返ると、そのまま地中海に転落してしまいそうなほどの勾配でした。

しみじみ思うこと、それは「私の財産は人」

取材ノートの用途は、ノスタルジーの糸をたぐるだけでなく多種多様。つい数日前もノートに記されてある、ブルターニュ地方のパン屋さんに電話しました。後にポン・タヴァン派と呼ばれることになる、ゴーギャンを中心にした画家のコミュニティーができたポン・タヴァン村にある、「ケラバル」というパン屋のマダム・ロランスに電話口に出てもらいました。

取材ノートにある彼女は、マドモアゼル・ロランスでした。問い合わせの内容は、最近わが国でも買えるようになった、ブルターニュのバターをたっぷり使ったガレットブルトンという焼き菓子についてです。ノートにあった、彼女のおばあさんのレシピで焼いているガレットが、今もあるかの確認でした。彼女の「ウィイーー！」と私の「メルスィー・ボクー！」で電話を切るや、早くも私の心は、はるかポン・タヴァン村の上空を飛んでおりました。

友人たちから私は、「よく、そんなこと覚えているわね」とか、「記憶力がいいわね」と感心されます。メモなしで記憶していることもたくさんございますが、訪れたヨーロッパの町や村で出会った人たちのことは、取材ノートが教えてくれます。カラフルな取材ノートを並べた本棚を眺めて、いまさらながらにこう思うのでした。やっぱり私の財産は人だと。

使っているうちに「クレールフォンテーヌ」に絞り込まれた愛用ノート。ツルツルの表紙と、すっぽりバッグに入るB5とA5の中間サイズがとくに気に入っています。

頁を開くと5W1H、「いつ・どこで・だれが・なにを・なぜ・どのように」が一目瞭然。相手の連絡先も記してあるので、仕事関係とはいえ不滅の交遊録でもあります。

さあ、これからが私たちの本番です

ゆっくり助走、伸びやかなジャンプで美しい着地を

「ホップ・ステップ・ジャンプ」と言いますが、私たちにもジャンプのときがやって来たようです。子どもも自立し、まわりの親類の世代交代も進み、世間のしがらみがまちがいなく薄くなっております。ですから、手かせ足かせだったものが消え去り、だれにも遠慮がいらない立場になりました。

変わらないことがいいことだと信じている男性には「あなたたちはコンサヴァ（保守的）だから」と、やんわり敬意を表しながらも、彼らにおとなしくしていただくことにしましょう。さあ、私たちだけで、もっと自由な世界に旅立とうではありませんか。

といっても私たちがどこかに集団逃亡するのではありませんから、ご心配なく。傍目にはいつもと同じあなたと私がいて、仕事や家事を遂行。世代的に、介護が加わる場合も多いでしょうが、体力の続くかぎり怠けません。ただ、今までしなかったよそ見を、ちょっとだけしてみようと思います。

そんなあなたの内面の変化に、ワンちゃんはまったく気がつかないでしょうね。それに比べて猫ちゃんは、あなたを無視しながらも人の心を盗み見るのが得意なだけに、あなたへの反応が違うかもしれません。生まれ変わってわくわく気分にテンションが上がっているあなたに猫ちゃんは、驚きと侮蔑《ぶべつ》がないまぜになった秋波を、流し目に込めて送ってくるかもしれません。さあ、まず背筋を伸ばして、お風呂場に向かいましょう。

自分らしさにこだわって、悔いのない人生

「昼間っからシャンプーして、どこに行くの?」と聞く娘さんも、もういらっしゃらない。「いいじゃないの、美容院でもどこでも、行くといいわ」とあなたに、天国のお姑さんがエールを送ってくれるのではないでしょうか。

美容院に行って髪を切っても、パーマをかけるのもいいでしょう。ヘアカラーの色を少しだけ明るくして、軽やかさを表現。一髪《いちかみ》二姿《にすがた》とはよく言ったもので、私たち女性はヘアスタイルを変えることでイメージチェンジできます。部分ウイッグも、最近は安くていいものがたくさんありますから、ぜひ、ご活用ください。

やっぱり、女に生まれてよかった!

髪の毛がすっきりしたところで、こんどはワードローブの総点検を始めましょう。そもそも、年相応なんてものは、だれが決めたのでしょう。地味な服は掃除や草取りのとき用の作業着にして、外出用にしていたおしゃれ着をふだん着にしましょう。

色彩感覚については私たち女性だけでなく、男性方にもキレイな色のセーターやポロシャツを買ってあげましょう。白髪や薄くなったオツムの男性に、案外ピンクや明るいグリーンや水色が似合うのを、ご存じですか？　それに男性も女性も、一度明るい色に慣れると、それまで着ていたくすんだ色の服が年寄りくさくて、いやになるものです。

好きな服も、大切にしまっておいて着る回数が少なかったら、いつまでたっても元が取れません。洋服でも靴でも、高価だったものはなおさら出番を増やそうではありませんか。そして衣類を買うとき、たまにはヤングコーナーをのぞいてみることをおすすめします。とくに若者たちを対象にした、駅ビルに入っているブティックでTシャツやカーディガンを物色。孫のような店員さんが相手だと、ショッピングの気分も変わります。デザインや素材、色彩が若々しくておまけに安くて、チープ・アンド・シックの実践編です。

これからは昨日と違う今日、今日とまったく違う明日をめざして、いままでよりも合理的に、人生を愉しみながら暮らしましょうね。

おわりに

本書の写真に収まった小物たちの多くは、フランスの地方で出会った方たちやパリの仲間たちからいただいたり、煤《すす》けた骨董屋さんの店の奥で、または、パリの蚤《のみ》の市で私が気に入って求めたものです。私の部屋でさり気なく佇《たたず》んでいる小物たちは、そのときどきに私が会った人たちとの出会いのエピソードを、よく覚えていてくれているはずです。

今、こうして東京のわが家にいること自体が、そもそも不思議といえば不思議です。赤道回りの引っ越し荷物に梱包《こんぽう》されて、窮屈な思いに耐えてパリから東京にやって来た彼らにしてみれば、自らに降りかかった数奇な運命に驚いているかもしれません。

いえいえ、朝に晩に私の目にふれる彼らの表情は、驚いているというよりもむしろ喜んでいるように見受けられます。世の中が静まり返った深夜、「はるばる、遠くへ来たものだ」とささやき合っている彼らの声が聴こえます。

「おわりに」を書きながら、はからずも本書が私の半生の始末記になったことに気づいてニンマリしております。

「エッ？ この年で半生だなんて」と、あきれないでください。パリ生活の前半10年は、まるで暗中模索。言葉の問題もあり、異文化の中で右往左往しておりました。とはいえ今だからそう思うのであって、当時の私はごく自然。

「この人たちは、なぜ」といった、フランス人に対する好奇心でモチベーションが上がりました。そして10年を過ぎたころから、繰り返していた自問自答が、「そうなんだ、そうだったのか」という具合にクリアになり、目の前の霧がスーッと晴れてきたのでした。

そして東京に戻って今日にいたり、本書で私は半生を締めくくります。数字的には今の私の年齢は生涯の真半分ではありませんが、意識としては今がまさに人生の半ば。来るべき「ウフフッ」のおもしろい日々の到来が、今の私の最大の関心事です。

この場をお借りして、私に半生を顧みるきっかけをくださった家の光協会の上杉直子さんに、心から感謝いたします。そして、写真部の津田雅人さんと輕部泉希さん、お疲れさまでした。

最後に、本書をお手に取ってくださったみなさまには、お礼の言葉もございません。私たちにとって今が、後半の充実した人生に向かってジャンプのときです。お足もとに注意して、明るい日々をごいっしょいたしましょう。

吉村葉子

吉村 葉子(よしむら・ようこ)
エッセイスト。1952年、神奈川県藤沢市生まれ。立教大学経済学部卒業。1979年に渡仏、20年間をパリで過ごす。フランスの文化や暮らしの分野をはじめ、ヨーロッパ全域における生活全般を取材し、雑誌などに寄稿。帰国後は、日仏文化の違いをシャープな視点で捉えたエッセイを発表、好評を博している。本業のかたわら、フランスの家庭的な焼き菓子の店を営んでいたほどの料理好き。著書に『お金がなくても平気なフランス人 お金があっても不安な日本人』(講談社文庫)ほか多数。
http://www.yokoyoshimura.com/

ブックデザイン　縄田智子(L'espace)
写真　津田雅人(家の光写真部)
校正　かんがり舎

人生後半をもっと愉しむ
フランス仕込みの暮らし術

2016年6月1日　第1版発行
2016年10月3日　第3版発行

著　者　吉村葉子
発行者　髙杉 昇
発行所　一般社団法人 家の光協会
〒162-8448　東京都新宿区市谷船河原町11番地
電話 03-3266-9029(販売)　03-3266-9028(編集)
振替　00150-1-4724
印刷・製本　株式会社リーブルテック

落丁・乱丁本はお取り替えいたします。
定価はカバーに表示してあります。

ISBN978-4-259-54760-8　C0095